Alexandre Mantouche

Influência dos mitologemas no grupo de géneros do cinema de aventura

Alexandre Mantouche

Influência dos mitologemas no grupo de géneros do cinema de aventura

ScienciaScripts

Imprint

Cover image: www.ingimage.com

This book is a translation from the original published under ISBN 978-620-2-08166-5.

Publisher:
Sciencia Scripts
is a trademark of
Dodo Books Indian Ocean Ltd. and OmniScriptum S.R.L publishing group

120 High Road, East Finchley, London, N2 9ED, United Kingdom
Str. Armeneasca 28/1, office 1, Chisinau MD-2012, Republic of Moldova, Europe
Printed at: see last page
ISBN: 978-620-8-01802-3

CONTEÚDO.

INTRODUÇÃO

O género "aventura" é o mais popular entre os espectadores de cinema de todo o mundo. [1]Os dez filmes de maior bilheteira na história da bilheteira mundial são exclusivamente representados por este género: "Avatar, Titanic, Vingadores, Velozes e Furiosos 7, Harry Potter e os Talismãs da Morte, Coração Frio, Homem de Ferro 3, Vingadores 2, Transformers 3: Lado Negro da Lua, O Senhor dos Anéis: O Regresso do Rei [64]. [64]. Os 20 filmes mais rentáveis nas bilheteiras mundiais são também inteiramente representados por filmes de aventura. Os filmes de maior bilheteira do décimo primeiro ao vigésimo lugar: "007: Skyfall Coordinates", "Transformers: Age of Extinction", "The Dark Knight:

A Lenda Renasce, Piratas das Caraíbas: O Baú do Homem Morto, Toy Story: A Grande Fuga, Piratas das Caraíbas: Em Marés Estranhas, Parque Jurássico, Guerra das Estrelas. Episódio I: A Ameaça Oculta", "Alice no País das Maravilhas", "O Hobbit: Uma Viagem Inesperada". [64]. A lista dos cinquenta filmes com maior bilheteira mundial é também representada exclusivamente pelo grupo dos filmes de aventura [46; 47; 64]. Quando falamos deste grupo de géneros, não podemos deixar de notar a sua grande influência na cultura de massas, embora não seja a sua componente mais brilhante.

Os filmes de aventura incentivam o seu público-alvo a interessar-se pela cultura, história, arte, mitologia, religião e literatura. Regra geral, após a estreia de um filme de aventura popular, o mercado livreiro regista um boom de vendas relacionado com o tema do filme e os meios de comunicação social começam a abordar ativamente as questões levantadas no enredo do filme. Por outras palavras, o filme de aventuras é um estimulante eficaz da atividade cognitiva dos seus espectadores e lança a moda de um determinado fenómeno histórico ou cultural.

A grande popularidade do género de filmes de aventura junto do público de todo o mundo e o impacto significativo que teve no seu impressionante público fazem do cinema de aventura um fenómeno universal que pode ser compreendido por

[1] Desde maio de 2015.

diferentes culturas.

No seu tratado "Poética", Aristóteles observa que "o melhor de todos é o reconhecimento que resulta dos próprios acontecimentos, e o espanto do público deve-se ao curso natural dos acontecimentos...". [2, P. 33]. [2, C. 33]. Esta ideia do antigo filósofo grego, mesmo vinte e três séculos depois, é plenamente confirmada pelos filmes de aventura: a correspondência entre os enredos e os próprios acontecimentos

O facto de um género de aventura pertencer à experiência histórica e cultural da humanidade determina a compreensão e a aceitação dos enredos destas imagens, praticamente fora dos quadros temporais e territoriais das culturas nacionais.

O problema da correspondência entre as histórias de aventura e a experiência de vida e cultural da sociedade tem sido ativamente debatido em várias disciplinas científicas (antropologia, estudos culturais, etnografia, mitologia comparada, psicologia, filosofia e história da arte). Estes estudos têm-se baseado tradicionalmente nos mitos e arquétipos como "fundamento" das histórias que contam. Nas últimas décadas, o estudo dos mitologemas tem atraído um interesse crescente por parte dos investigadores das ciências humanas, que vêem os mitos semelhantes em termos de enredo e valores como a geração de uma fabula básica baseada numa sequência logicamente ordenada de arquétipos. O próprio termo "mitologema" foi introduzido nos intercâmbios científicos por C.Kerenyi e C.G.Jung, que o entendiam como "fundamento mitológico" [43, P.20] - "fundamento mitológico" [43, P.20] - "fundamento mitológico" [43, P.20] - "fundamento mitológico" [43, P.20] - "fundamento mitológico" [43, P.20]. [43, P. 20] - a fabula primária que constitui o sentido de um mito ou imagem mitológica: "... não se trata simplesmente de 'causas', mas sim de substâncias primárias ou estados primários que nunca envelhecem, nunca podem ser superados e produzem tudo e sempre" [43, P. 18] [43, C. 18].

O estudo dos mitologemas foi durante muito tempo associado exclusivamente ao nome de C. Kerenyi, que estudou os mitologemas dos deuses e heróis da Grécia antiga.

Na viragem do século XX para o século XXI, começou a observar-se o estudo ativo dos mitologemas por cientistas de vários países, e a questão dos mitologemas na vida cultural e social humana despertou um interesse crescente. No entanto, apesar do crescente interesse por este tema, a questão da influência dos mitologemas na arte contemporânea tem sido pouco estudada.

Assim, a novidade científica deste artigo reside no facto de os mitologemas, enquanto fábulas básicas amplamente representadas no grupo de géneros de filmes de aventura, não terem sido ativamente tidos em conta no trabalho científico sobre estudos cinematográficos.

A relevância desta tese de mestrado reside no facto de o tema da influência dos arquétipos e da mitologia no cinema de aventura, que se aproxima do tema designado por mitologemas, ser objeto de investigação ativa nos estudos cinematográficos nacionais e estrangeiros, e de o próprio tema dos mitologemas estar a ganhar popularidade entre cientistas-etnógrafos, filólogos, filósofos e culturologistas.

A importância prática deste trabalho reside, muito provavelmente, na utilização dos resultados desta tese de mestrado nos currículos dos alunos das especialidades de perfil dos estabelecimentos de ensino criativo, bem como na metodologia de desenvolvimento de argumentos no cinema comercial.

O **tema** desta tese de mestrado é o cinema de aventura bielorrusso. O **tema da** investigação são os mitologemas, os mitos e os arquétipos como factores de formação de enredo nos filmes de aventura.

O **objetivo desta** tese é criar uma compreensão sistemática das fabulas básicas do cinema de aventura bielorrusso e a sua correlação com exemplos semelhantes do cinema de aventura estrangeiro.

Para atingir este objetivo, foram identificados os seguintes **objectivos**:

1. Identificar as principais mitologias, arquétipos e mitos que influenciam o género de filmes de aventura.

2. Estudar as regularidades estruturais dos mitologemas que influenciam a construção dos enredos dos filmes de aventura.

3. Estudar a influência dos mitologemas, mitos e arquétipos no cinema de aventura.

4. Caracterizar as formas como os mitologemas são utilizados nos filmes.

5. Revelar as características específicas dos mitologemas, mitos e arquétipos utilizados no cinema de aventura bielorrusso.

Em sua defesa, são apresentados os seguintes pontos:

1. Os mitologemas, os mitos e os arquétipos têm uma influência significativa no grupo dos filmes de aventura.

2. O cinema de aventura bielorrusso está em linha com as tendências globais, utilizando as mesmas sequências arquetípicas que os filmes estrangeiros de um género semelhante.

3. A tetrachotomia cíclica é efectuada em quatro partes

A organização psicológica da imagem do herói é o principal mecanismo de análise da presença de mitologemas no cinema.

CAPÍTULO 1
HISTORIOGRAFIA E METODOLOGIA DE INVESTIGAÇÃO

A problemática do mito e dos arquétipos no cinema tem sido objeto de uma extensa investigação científica, que examinou quase todos os modos possíveis de interação entre as imagens mitológicas primordiais e a arte cinematográfica. No entanto, praticamente não existem estudos dedicados ao problema dos mitologemas no cinema.

Se considerarmos a historiografia do estudo das fabulae de base (como uma espécie de sinónimo do conceito de mitologemas) que influenciam a composição dos enredos, um dos primeiros a tentar identificar e sistematizar as bases universais do enredo foi o encenador e teatrólogo francês J. Polti, que publicou a obra Trinta e seis situações dramáticas em 1856. Depois de estudar 1.200 obras e 8.000 actores [20, P. 113-117], Polti apresentou a hipótese de que toda obra, seja ela uma lenda, um mito, um romance, um conto ou uma peça de teatro, se baseia em 36 fabulae básicas, que ele propôs: "Apelo, Resgate, Vingança (após um crime), Vingança (de um ente querido por um ente querido), Aflito, Infortúnio súbito, Sacrifício de alguém, Motim, Tentativa audaciosa, Rapto, Enigma, Realização, Ódio entre entes queridos, Rivalidade entre entes queridos, Adultério (acompanhado de assassínio), Loucura, Indiscrição fatal, Incesto não intencional, Assassinato não intencional de um ente querido, Sacrifício de si em nome de um ideal, Sacrifício de si por amor dos seus, Sacrifício de uma alegria imensa, Sacrifício dos seus em nome do dever, Rivalidade entre desiguais, Ajustador, Crime de amor, Desonra da pessoa amada, Amor (encontrando obstáculos), Amor por um inimigo, Ambição, Luta contra Deus, Ciúme infundado, Erro judiciário, Remorso de consciência, Recém-encontrado, Perda dos seus" [20, P. 115-116].

Na arena nacional, as opiniões de Polti foram sancionadas nos seus artigos por um estadista soviético, o Comissário do Povo para a Educação da RSFSR.

O escritor e historiador de arte A.V.Lunacharsky, que avaliou o livro da seguinte forma: "Apesar de todo o seu paradoxo, o livro ("36 situações dramáticas") merece atenção e pode ser útil." [O interesse do livro de J. Polti reside no facto de, para cada "situação dramática", o autor propor uma fórmula de base, bem como um conjunto de actores.

O início do século XX caracterizou-se por numerosos estudos culturais, etnográficos e psicológicos que levantaram questões sobre a interação intercultural e a influência da experiência histórica na criatividade. Este período foi caracterizado por tentativas activas de introduzir ideias da psicanálise, da psicologia analítica, das culturas orientais e exóticas na cultura de massas global. Uma das obras mais influentes deste período é "Folklore in the Old Testament" de J.J. Fraser, que estabelece padrões de enredo nos mitos bíblicos do Antigo Testamento que são idênticos aos do folclore de diferentes povos da Europa, África, Ásia, Oceânia e América. Ao comparar numerosos exemplos de enredos de diferentes mitologias correspondentes aos mitos bíblicos do Antigo Testamento, o autor criou um modelo lógico das fábulas primárias da génese do homem, da queda no pecado, do "selo de Caim", do grande dilúvio, da Torre de Babel, do tratado entre Deus e Abraão, etc. [37]. Como Fraser resumiu cada mito a uma fábula básica, parece-nos oportuno considerar este trabalho no contexto da historiografia do estudo dos mitologemas.

O estudo dos enredos universais foi desenvolvido pelo psiquiatra suíço e fundador da psicologia analítica C.G.Jung, que propôs a teoria dos arquétipos - imagens do inconsciente coletivo, que, segundo Jung, era a fonte do simbolismo universal. A influência dos arquétipos no folclore e no teatro foi desenvolvida no seu trabalho científico pelo associado de K.G.Jung, o filólogo suíço e académico religioso K.Kerenyi. Ao estudarem a influência e a utilização dos arquétipos no mito e na arte, Kerényi e Jung publicaram uma monografia em 1941 intitulada "Introdução à essência da mitologia" (mais tarde incluída no livro "Alma e mito. Seis arquétipos"), e introduziram a categoria de "mitologema", que constitui a base deste ensaio. O termo por eles introduzido refere-se às fabulas mitológicas universais básicas que são omnipresentes nas culturas dos vários povos do mundo [43].

Jung e Kerényi consideravam o mito como a base da cultura humana, estabelecendo paralelos activos entre a mitologia e a arte musical (e os seus modelos básicos). A importância desta obra na historiografia do tema estudado deve-se sobretudo ao facto de "Introdução à Essência da Mitologia" ter sido a primeira obra a levantar a questão da influência dos mitologemas na composição do tecido das obras folclóricas e literárias.

As ideias expressas por Kerenyi e Jung em "Introduction to the Essence of Mythology" e "Soul and Myth" foram desenvolvidas pelo antropólogo americano J.J. Campbell. No seu trabalho sobre mitologia comparada, Campbell chegou à conclusão de que a maioria absoluta das fontes folclóricas, bem como as histórias neo-mitológicas, têm uma base de composição comum, a que chamou monomito. De acordo com Campbell, um monomito é uma estrutura cíclica que inclui as seguintes fases no desenvolvimento da história: "o mundo quotidiano, o chamamento do herói, a rejeição do chamamento por parte do herói, a ação induzida / ajuda sobrenatural, o herói que atravessa o primeiro limiar, o ventre da baleia, o caminho das provações, o encontro com a deusa, a reconciliação com o pai, a apoteose, a recompensa no final da viagem, a recusa de regressar ao mundo quotidiano, a fuga mágica, o resgate do exterior, a passagem do limiar para o mundo quotidiano, o senhor dos dois mundos, a liberdade de viver" [18, p. 42-43]. 42-43]. [18, C. 42-43]. É curioso notar que a obra de Joseph Campbell inspirou George Lucas a criar a sua famosa hexalogia cinematográfica "Guerra das Estrelas".

Os mitologemas foram estudados na ciência soviética por V.P. Goran, que em 1990 publicou a obra "Ancient Greek Mythologeme of Fate", na qual o autor estuda o mitologema do destino como um facto da génese da tradição mitológica e literária do mundo antigo. Segundo Horan, o mitologema é... uma ideia geradora que existe por continuidade na vida cultural de uma sociedade. [8]

A questão dos arquétipos nos géneros de aventura foi abordada por G.F. Iaccino, que publicou trabalhos científicos sobre a influência dos arquétipos no género de filmes de terror ("Psychological Reflections on Cinematic Terror: Jungian Archetypes in Horror Films", 1994) e no género de ficção científica e fantasia ("Jungian Reflections within the Cinema: A Psychological Analysis of Sci-Fi and Fantasy Archetypes", 1998). O conceito principal da investigação de Iaccino é a correlação de modelos de personagens e histórias com arquétipos junguianos [54, 55].

The Astrology of Film: The Interface of Movies, Myth, and Archetype" (2004), em que o autor procura revelar a influência dos mitos na composição das histórias cinematográficas [61], aproxima-se do tema dos mitologemas no cinema.

Em "Action Figures: Men, Action Films, and Contemporary Adventure Narratives" ("Figuras de Ação: Homens, Filmes de Ação e Narrativas de Aventura Contemporâneas", 2006), o académico americano M. Gallagher explorou a evolução do género herói cinematográfico, abordando o enredo básico dos filmes de aventura. A sua investigação baseia-se nos arquétipos e tipos de heróis masculinos, no seu aparecimento, desenvolvimento e perspectivas, bem como na sua interação e correlação com os heróis femininos (heroínas), no isolamento dos géneros "masculino" e "feminino" e no estudo das tendências para a interpenetração destes géneros [50].

Um outro estudioso americano de cinema, Geoffrey Hill, em Illuminating Shadows: The Mythic Power of Film (Geoffrey Hill, 1992), compara o cinema às ideias de Jung sobre os sonhos, que reflectem o inconsciente coletivo, e discute o tema dos motivos recorrentes na construção da história e na caraterização das personagens [52].

O problema dos mitologemas no espaço pós-soviético foi abordado por L.I. Gornitskaya ("O mitologema da ilha na literatura russa: génese, estrutura, semântica" [9]), V.G.Turkina ("Mitologema do herói e consciência de massa" [34]), M.N.Izvorska-Elizarieva ("Mito. Música. Mozart. 'A Flauta Mágica' - mitologia cosmogónica" [15]), A. A.Batueva ("Mitologia do bem e do mal nas línguas indo-europeias" [4]), L.A.Guluk ("Mitologia da feminilidade na cultura da Idade da Prata" [10]). Várias publicações de académicos bielorrussos e russos foram dedicadas a questões de mitologemas no contexto de culturas nacionais: "The Mythologeme of

Unclean Power in the Silver Age" [4].
culture traditionnelle des Biélorusses" de E.A.Rutsky [28] (artigo na coletânea "Outantychny falklore : prablemy vyvuchennya, zahavannya, peraimannya"), "Mythologeme of woman-fate in ancient Celts and Germans" [23] (coletânea de artigos editada por T.A.Mikhailova). [23] (coleção de artigos editada por T.A. Mikhailova).

Na viragem do século XX para o século XXI, foram publicadas várias obras estrangeiras dedicadas ao estudo dos mitologemas: "Mythologems: Incarnations of the Invisible World" de J. Hollis [53], "Myth - Mythologeme - Medea: The Transformation of the Figure of Medea in the Novel of Christa Wolf in Comparison with the Interpretation of the Myth by Euripides" de K. Luther, "Journey Beyond the Fringe - Adaptations of Ancient Roman Mythologems in Medieval Folklore" de B. Burkhardt, "Journey Beyond the Fringe - Adaptations of Ancient Roman Mythologems in Medieval Folklore" de B. Burkhardt. Luther, "Viagem para além da margem - Adaptações de mitologemas romanos antigos no folclore medieval" de B. Burkhardt. No entanto, é importante notar que estes trabalhos consideram os mitologemas no contexto da etnografia, filosofia e filologia, sem ter em conta a sua interação com a arte cinematográfica.

É importante referir os trabalhos pós-soviéticos dedicados aos arquétipos no cinema: "Archetypes in Cinematography" de K.S. Karchevskaya [17], "Archetypal Foundations of the Culture of the Turn of the XX-XXI Cc. N.S.Vdovushkina [6], "Archetypal Foundations of the Image of the Hero in the Dramaturgy of Russian Cinema: (on film material from 1986-2012)" de M.A.Sharapova [6]. M.A. Sharapova [42].

Outras fontes utilizadas nesta dissertação de mestrado incluem os estudos cinematográficos russos, em particular a obra de Semyon Israelievich Freilich, Theory of Cinema: From Eisenstein to Tarkovsky, na qual o autor dedica uma grande atenção à definição de género e estilo no quadro da história da arte [36].

No seu livro Cinema Between Hell and Heaven, A. Mitta examina as convenções de género e os arquétipos do protagonista [22]. Em particular, Mitta propõe quatro arquétipos principais do protagonista no cinema moderno: "os nossos conhecidos", "o forasteiro", "almas perdidas" e "ídolos". O facto de estes arquétipos se enquadrarem no modelo quaternário geral do mitologema básico discutido no segundo capítulo pode ser considerado curioso.

Em "Psychology for Screenwriters: Constructing Conflict in Plot", W. Indyk considera a utilização prática de ideias de Z. Freud (complexo de Édipo, conflito neurótico, fases do desenvolvimento psicossexual, mecanismos de defesa do ego e semântica dos sonhos), E. Erikson (conflito normativo e crise de identidade), C.G. Jung (arquétipos de personagem e arquétipos de enredo), J. Campbell (monomito) e J.A. Erikson (conflito normativo e crise de identidade). Erikson (conflito normativo e crise de identidade), C.G.Jung (arquétipos de carácter e arquétipos de história), J.Campbell (monomito), A.Adler (complexo de inferioridade, rivalidade entre irmãos, estilos de vida) e R.May (conflito existencial) [16].

Em "Million Dollar Story", R. McKee estrutura e sistematiza os padrões de composição do drama cinematográfico, os padrões de reação comportamental, as orientações de valor e as inter-relações estruturais entre personagens [21].

É de salientar uma série de publicações em periódicos dedicados aos arquétipos na arte cinematográfica, tanto no espaço pós-soviético como na prática e teoria do cinema ocidental. Os artigos mais interessantes são "The Diamond Hand", "Kurochka Pryaba" e "The Russian Dream". A psychiatrist's free reflections on a favourite film" de A. Danilin [11], "Intellectual auteur cinema as a European idea" de N. Samutina [31], "When heroes pass into eternity" de O. Artemyeva [3] e "Lifting the mask: types, archetypes and the occasional human being" de D. Corbett [49].

O número destas publicações, particularmente no contexto dos recursos electrónicos, é considerável, mas é justo dizer que estas publicações revelam a questão da correlação entre arquétipos e cinema sem abordar as questões dos mitologemas ou das sequências de arquétipos, que poderiam ser considerados como certos mitologemas.

A base teórica e metodológica da investigação é assim formada pelos trabalhos de história da arte e estudos culturais de académicos russos e estrangeiros que estudaram o tema desta tese - mitologemas, bem como arquétipos, géneros e modelos de composição narrativa no contexto de grupos de género.

Em conformidade com os objectivos da presente tese, foram necessários os seguintes métodos: fenomenológico,
dedutivo, iconográfico.

Este capítulo procedeu, portanto, à revisão da bibliografia relativa à questão dos mitologemas e à influência dos mitologemas no cinema, em obras nacionais e estrangeiras. Embora exista um grande número de trabalhos dedicados aos arquétipos no cinema, bem como aos mitologemas como fabulae de base, que são continuações lógicas dos arquétipos no contexto do folclore e da filologia, são relativamente poucos os trabalhos dedicados ao tema dos mitologemas no contexto do cinema. No entanto, como já foi referido, um número suficiente de estudos tem sido dedicado à questão dos arquétipos e da mitologia no cinema.

Uma revisão da literatura revelou um estudo fragmentário e incompleto do tema desta tese de mestrado. Embora existam estudos mais do que suficientes dedicados ao tópico relacionado com o arquétipo e a sua correlação com a arte cinematográfica, muito poucos estudos foram dedicados ao mitologema no contexto do cinema.

O tema deste trabalho - o cinema de aventura bielorrusso - foi considerado pelos investigadores principalmente no contexto da historiografia das longas-metragens bielorrussas, que é objeto de um grande número de publicações.

O tema deste trabalho de tese - mythologem, mito e arquétipo como factores de formação de enredo no género de filmes de aventura - tem sido considerado por vários investigadores como um fator transcultural no contexto da psicologia, dos estudos culturais e da mitologia. A ligação entre o objeto e o tema desta tese de mestrado e o trabalho de outros investigadores não foi revelada.

Para além das fontes literárias, este trabalho recorreu a documentos de periódicos dedicados ao cinema, a publicações de recursos da Internet sobre temas relevantes ou próximos desta tese de mestrado, bem como a documentos fílmicos.

CAPÍTULO 2
A MITOLOGIA NO FILME DE AVENTURA 2.1 Características do género de filme de aventura

Como vimos acima, o grupo dos filmes de aventura é o mais popular entre o público nas bilheteiras mundiais. A aceitação ativa dos filmes de aventura deve-se claramente à necessidade do público de obter um alívio psicológico da falta de "experiência perigosa" derivada da aventura e da emoção. É improvável que uma pessoa comum, em circunstâncias invulgares, enfrente sozinha um bando de criminosos, serviços especiais estrangeiros, acontecimentos místicos, etc. O fenómeno da popularidade do herói de aventura baseia-se no paradoxo psicológico do público. A maioria das pessoas tem uma vida normal e comedida, o que as leva a querer "fugir" da realidade quotidiana e a sonhar com aventuras e experiências extremas. No entanto, a aventura e as experiências extremas na vida real das pessoas são riscos injustificados que podem ser corretamente evitados. Os filmes de aventura são, portanto, a forma mais segura e acessível de compensar estas experiências tabu.

Parece, portanto, lógico que a popularidade e o sucesso comercial do grupo dos filmes de aventura se deva à psicologia da perceção que o público tem deles (incluindo o facto de as histórias contadas nos filmes de aventura corresponderem a expectativas sobre o desenrolar dos acontecimentos). É igualmente importante recordar que as primeiras longas-metragens da história do cinema foram os filmes vérité de Georges Méliès, precursores dos filmes de aventura, o que nos permite sugerir que os géneros de aventura no cinema são os géneros com a mais longa história de interação com os seus espectadores.

O grupo dos filmes de aventura inclui um grande número de géneros cinematográficos, como o filme de aventura, o western, o filme de capa e espada, o filme de detectives, o filme noir, o thriller, o filme de ação, o filme de catástrofe, o filme de terror, o filme de fantasia, o filme de ficção científica e o filme de guerra heroico-patriótico. É de referir também os filmes de aventura para crianças, que são, na maioria das vezes, uma variante do género aventura, fantasia, ficção científica ou heroico-patriótico.

Tradicionalmente, os filmes de aventura contam aventuras emocionantes, desventuras ou aventuras de personagens que não conseguem viver uma vida calma e comedida porque se envolveram em algum tipo de aventura. Na verdade, a definição de "filme de aventura" é bastante complexa, mas o cânone deste género são as expedições, os locais exóticos e as histórias emocionantes sobre experiências invulgares.

Os westerns e os seus análogos ideológicos (swashbucklers, como são conhecidos nos estudos de cinema estrangeiro) caracterizam-se pelo desenvolvimento da história num mundo onde as leis da vida são duras, por vezes brutais. O Oeste selvagem, onde tradicionalmente se passam os westerns, é a terra da anarquia, onde os extremos da natureza humana se manifestam mais ativamente. No entanto, a ação de um western não tem necessariamente de ter lugar na costa oeste dos Estados Unidos no século XIX. Um western pode ser um filme que conta a história de acontecimentos ocorridos numa determinada região, de uma forma arrojada, numa outra época. O mesmo se aplica aos filmes de capa e espada, cuja caraterística distintiva é o facto de a ação se passar na Europa dos séculos XVII e XVIII e de, em vez de disparar revólveres e Winchesters, os heróis lutarem com espadas.

O filme de ação é o mais "monocromático" dos géneros de filmes de aventura. O herói de um filme de ação é um herói solitário que enfrenta forças desiguais.
de um mal exagerado. Bidimensionalidade" e orientação para a satisfação
A necessidade de violência sugere que as raízes do filme militante se encontram nos sangrentos divertimentos medievais e nos teatros populares vulgares, nos quais toda a ação se reduzia a um confronto entre heróis "muito bons" e "muito maus", com o protagonista a derrotar o antagonista.

O thriller é um género de filme de suspense baseado na transmissão de uma emoção intensa ao espetador (o nome do género deriva da palavra inglesa thrill). Os thrillers raramente são um género cinematográfico independente. Existem thrillers policiais, thrillers místicos (combinados com o género de terror), thrillers noir, híbridos entre thriller e ação, por vezes thrillers românticos (ou seja, híbridos entre thriller e melodrama) e thrillers de comédia.

O género do filme de terror é ideologicamente semelhante ao do thriller, mas difere no seu desejo de evocar um sentimento de medo no espetador. Os motivos tradicionais para criar medo são as forças sobrenaturais, as formas de vida xenomórficas e os maníacos.

O "noir", também ideologicamente próximo do género thriller, é o mais "psicológico" do grupo de géneros de aventura. "O herói do romance noir é uma alma perdida, alheia tanto à sociedade "correcta" como aos valores que se opõem a essa sociedade.

Os filmes de aventura histórica, fantasia e ficção científica são geralmente uma reflexão sobre a estrutura sócio-política do mundo moderno, uma busca do passado histórico ou a criação de uma analogia com as realidades políticas e sociais do presente num mundo imaginário ou fictício do futuro. Uma caraterística interessante da tradição cinematográfica de ficção científica que não pode ser ignorada é a predominância da utopia social no cinema soviético e da distopia no cinema estrangeiro. As tradições dos subgéneros de ficção científica - fantasia e histórias de super-heróis - estão muitas vezes ligadas a um cânone rígido em que o herói enfrenta o governante de um mundo anti-utópico, com uma clara dicotomia entre o bem e o mal. Isto estabelece o paradigma para o desenvolvimento da ficção científica. Isto estabelece o paradigma para o desenvolvimento da história, com referência a mitos e sagas com heróis.

O detetive é um género que se ocupa tradicionalmente de investigações criminais, bem como dos "jogos" de espionagem praticados por agentes de certos serviços especiais. As histórias de detectives são muitas vezes estritamente reguladas pelo cânone do género, que dita a composição obrigatória das personagens (como na clássica história de detectives inglesa) ou o enredo da obra (como na história de detectives de espionagem).

Os filmes de catástrofes são um subgénero do cinema de aventura que narra as desventuras do herói ou da humanidade no seu conjunto, causadas por uma catástrofe natural, artificial, tecnogénica, microbiológica ou antropogénica. Um motivo frequente nos filmes de catástrofes é o salvamento, pelo herói, de entes queridos ou camaradas a bordo de navios ou aviões em perigo, em zonas de catástrofe, de radiações ou de contaminação viral.

Uma vez que é improvável criar uma história coerente entre os géneros e subgéneros do grupo da aventura com base apenas nas aventuras tradicionais (perseguições, lutas, tiroteios e outras "acções activas"), o filme de aventura recorre a uma síntese ativa de géneros. Na maior parte das vezes, esta síntese baseia-se nos géneros do próprio grupo da aventura e combina, por exemplo, os géneros da ação e do detetive, o filme de terror e o filme-catástrofe. No entanto, também é importante notar a interação com outros géneros fora do seu grupo de géneros. A interação com os géneros da comédia e do melodrama é a mais comum. Os motivos de outros grupos de géneros são extremamente importantes, pois ajudam a criar uma história e uma motivação mais autênticas para as personagens, bem como imagens de personagens e acontecimentos que são próximos e compreensíveis para o público. A interpenetração dos géneros aventura e comédia é fundamental para este grupo. O enriquecimento do género aventura com elementos cómicos e melodramáticos ajuda a alargar o público do filme e a compreensão dos enredos cinematográficos por diferentes grupos etários e de género [50, p. 162-164].

Além disso, muitos actores interpretam com grande eficácia personagens arquetípicas em filmes de comédia e de aventura. Nesta ocasião, S. Freilich fez a seguinte observação: Gérard Philippe, no filme de aventuras ingénuo "Fanfan-Tulipe", encarnou de forma notável a personagem gaulesa, e A. Kuznetsov - a personagem do soldado russo numa paródia do western de Vladimir Motyl "O Sol Branco do Deserto"". [36, C. 129]. Podemos concluir que a perceção dos papéis de aventura como "cantos de cisne" na carreira de ator deste ou daquele artista se deve à especificidade da perceção do género aventura. O espetador esforça-se inconscientemente por se identificar com o herói do filme de aventura, razão pela qual, na sua memória, esse papel será identificado com a imagem do trabalho de representação mais interessante e holístico, e não com a imagem do herói dos géneros "superiores".

No seu livro "Acting Figures: Men, Action Films and Contemporary Adventure

Narratives", Gallagher chama a atenção para os seguintes pontos: o filme de aventura e ação sempre foi um género "masculino", tolerando e explorando histórias de heroísmo masculino criadas por realizadores masculinos para um público fundamentalmente masculino. A evolução mais intrigante do género na década de 1990 foi a incorporação de elementos formais associados ao género "feminino" do melodrama" [50, C. 45]. Segundo Gallagher, a síntese ativa do género da comédia e do filme de ação deveu-se à popularidade dos filmes de ação de comédia de Hong Kong (cuja principal estrela era Jackie Chan), que conquistaram o segmento de ação do mercado cinematográfico na viragem dos anos 1980-1990 [50, p. 160].

É importante notar que os filmes de aventura, os westerns e os filmes de capa e espada têm utilizado a síntese de géneros quase desde a sua criação. Os filmes de ação, os thrillers e os filmes de terror só recentemente começaram a interagir com outros géneros. Em geral, o grupo dos filmes de aventura tendeu a substituir as variedades "puras" deste grupo pelos seus análogos "sintéticos", que utilizam ativamente motivos cómicos e melodramáticos. Assim, a principal caraterística dos filmes de aventura é a sua interação ativa com os géneros da comédia e do melodrama.

Se olharmos para os filmes de aventura do ponto de vista da sua função estimulante, podemos dizer que têm um impacto direto na atividade cognitiva dos espectadores, na atividade criativa dos autores e no aumento das vendas nos mercados do livro, do lazer e dos serviços turísticos. A título de exemplo, refira-se o aumento da atividade de excursões na Nova Zelândia durante as filmagens de "O Senhor dos Anéis" e o aumento do interesse dos turistas por Oxford durante as filmagens de "Harry Potter".

Para resumir a importância do grupo de géneros de aventura para a cultura de massas em geral e para o cinema em particular, há que assinalar os seguintes factos

1. Os filmes de aventura são os mais procurados e comercialmente bem sucedidos de todos os géneros cinematográficos.

2. O género de filme de aventura permite que o público experimente as emoções perigosas da vida quotidiana.

3. O grupo dos filmes de aventura é frequentemente o mais eficaz no desenvolvimento das carreiras dos actores e na criação de imagens vivas que são aceites pelo público como o trabalho de representação mais bem sucedido.

4. O grupo dos géneros de aventura caracteriza-se por uma interação ativa com os géneros da comédia e do melodrama.

5. O grupo do género aventura estimula a atividade cognitiva do seu público, interessando-o pelas questões levantadas no enredo do filme (arte, cultura, história, religião, ciência, etc.).

6. O género de filmes de aventura estimula efetivamente a atividade de compra, influenciando em primeiro lugar o turismo (incluindo as esferas comerciais ligadas à atividade turística) e os mercados de livros, lembranças e suportes de vídeo destinados a serem vistos em casa.

É claro que não se pode dizer que só os géneros de aventura permitem aos espectadores viver experiências tabu, ou que só o cinema de aventura estimula as actividades cognitivas e de compra do público. No entanto, é o género de aventura que é mais eficaz nestas questões, para além de gerar uma maior compreensão das personagens e uma maior reação do público.

2.2 Mitologia, mito e arquétipo como factores de formação de histórias

Os enredos de filmes que narram acontecimentos semelhantes têm frequentemente as mesmas fabulas, o que nos permite avançar a hipótese de que todos eles se baseiam num determinado mitologema - uma fabula primária comum. A diferença entre várias obras literárias, dramáticas ou cinematográficas reside muitas vezes num conjunto diferente de enredos e de "máscaras" de heróis meticulosamente elaborados pelo homem. As diferenças essenciais residem no ambiente externo (vida quotidiana, aparelhos, transportes, tecnologia, realidades políticas e económicas) e nas superestruturas perceptivas da moralidade social (atitudes em relação à família, ao casamento, ao sexo, à xenofobia, à gerontofobia, etc.).

Se considerarmos a questão da influência dos mitologemas nos enredos dos filmes, é necessário levantar a questão dos arquétipos e dos mitos. Obviamente, um arquétipo é um tipo de herói, um tipo de situação ou um tipo de reação do herói a uma situação. Um mitologema é uma fábula de base que é uma sequência de arquétipos. Um mito é uma narrativa alargada que expande e completa a fábula de base com imagens específicas e particularidades culturais de uma determinada sociedade. Se clarificarmos a essência de cada um destes conceitos, podemos ver o seguinte: arquétipo - imagem-tipo primária, mito - narrativa, mitologia - fábula de base.

A relação entre mito, arquétipo e mitologema parece ser a seguinte. Um arquétipo é uma determinada imagem que caracteriza o herói, o seu comportamento ou a sua situação. Um mitologema é um algoritmo narrativo, ou seja, uma sequência lógica de arquétipos que criam uma série de acontecimentos básicos. Um mito é uma narrativa completa que desenvolve e completa o algoritmo do mitologema que lhe deu origem com imagens de heróis, da sua vida quotidiana e do seu ambiente social e cultural.

Tradicionalmente, os arquétipos são símbolos-chave - imagens que reflectem a ordem específica e a visão do mundo do herói do filme. Os arquétipos mais comuns são a Mãe Terra (Mãe de Deus), o Pai Celestial (Deus, Sol ou Céu), o Protetor (herói tradicional), o Trapaceiro, o Bobo dos Bobos (apoteose da estupidez e ignorância humanas), o Homem Pequeno, o pária (o "homem supérfluo"), o rebelde (o "homem das sombras"), o homenzinho, o pária (o "homem supérfluo"), o rebelde (o "herói romântico"), o bom malandro (o enganador forçado a sobreviver pelo engano), o malandro astuto, o mártir virtuoso, o conquistador hipócrita (o Anticristo).

No seu artigo "O cinema como reabilitação da realidade arquetípica", publicado na revista "Film Studies Notes", N. Khrenov conclui "três teses ligadas à atividade da consciência arquetípica nas suas diversas manifestações, que não podem ser ignoradas quando se analisa a estrutura da narrativa e a receção do cinema pelo espetador. 1. A identificação da atividade da consciência arquetípica exige uma consideração específica do cinema, a saber: deve ser vista no contexto da oposição que se verifica na história da arte. 2. A atividade da consciência arquetípica no cinema é uma consequência do renascimento na história do século XX do tipo de cultura chamado por P. Sorokin a cultura do tipo ideal. 3. A atividade da consciência arquetípica no cinema é o reverso do rebaixamento do princípio do autor, aquilo a que R. Barth chamou "a morte do autor" [39]. [39] . Com base nesta ideia, o arquétipo é um meio de criar um herói cinematográfico que pode ser compreendido por uma grande massa de espectadores, obrigando o autor a alinhar o herói, as suas acções e o seu ambiente social e cultural com as imagens típicas correspondentes da cultura nacional, regional ou mundial.

Os arquétipos de heróis no cinema são mais frequentemente vistos como personificações de papéis sociais típicos. Como já foi referido, A. Mitta, no seu livro "O Cinema entre o Inferno e o Céu", cita quatro arquétipos de protagonistas: "Os Nossos Conhecidos", "Os Infelizes", "As Almas Perdidas" e "Os Ídolos". "Nossos Conhecidos" é.

Um tipo de herói que é semelhante às pessoas mais comuns. "Underdog" - um herói que quer mudar o seu estatuto social. "Almas perdidas" - "ovelhas perdidas" na tradição cristã, ou seja, estes heróis são análogos aos "nossos conhecidos", com a única diferença de que as "almas perdidas" escolheram o caminho errado para atingir o seu objetivo. Os "ídolos" são "comedores" de situações desesperadas. [22, C.74-82]

Ao analisar o cinema de Hollywood, W. Indyk cita os pontos de vista de R. May sobre os arquétipos da "era do narcisismo" reflectidos nas imagens-chave da indústria cinematográfica norte-americana.As opiniões de May sobre os arquétipos da "era do narcisismo" reflectidos nas imagens-chave da indústria cinematográfica norte-americana: "herói americano" (individualista independente), "cowboy" (herói solitário que segue um código de honra), "cavaleiro solitário" (herói que luta sozinho contra o mal e a corrupção), "polícia rebelde" (homem da lei que quebra as regras em nome do dever), "gangster" (anti-herói da megalópole), "detetive privado" (simbiose de "gangster" e "polícia rebelde"), "polícia contraditório" (polícia que recusa subornos mas não denuncia os colegas corruptos), "cientista louco" (génio solitário que faz de Deus), "monstros criados" (criaturas criadas e exploradas por um criador irresponsável) [16, pp. 293-305].293-305]. Note-se também que o catálogo mais completo dos arquétipos de Hollywood pode ser encontrado no sítio web tvtropes.org. No entanto, não podemos evitar o facto de alguns exemplos de arquétipos no cinema norte-americano se transformarem em clichés e estereótipos (o que é mais frequentemente observado nos géneros de filmes de terror, ficção científica e ação), o que é bastante prejudicial para os filmes em que esta tendência pode ser observada.

No que diz respeito aos arquétipos como tipos de situação ou tipos de reação do herói à situação, os motivos de negociação com o diabo, negociação com a consciência, sacrifício para a salvação, enganar o diabo, etc. aparecem mais frequentemente do que outros. O arquétipo de uma situação é um determinado acontecimento percebido pelo público (portador da cultura) como tendo uma forma possível de resolver uma ação, sem ambiguidade nos seus motivos ou avaliação. A sequência de acções arquetípicas constitui a fabula sobre a qual se constroem os mitos (tanto os mitos antigos, que nos chegaram das profundezas dos séculos, como os mitos modernos).

Os mitos no cinema também estão muito difundidos. Embora a maioria dos mitos nos filmes de aventura pertença à neo-mitologia (mitologia da nova era), os motivos mitológicos do mundo antigo e o folclore tradicional de várias comunidades étnicas estão presentes no cinema. Dada a influência dos mitos, podemos observar uma curiosa transformação das imagens mitológicas antigas no cinema moderno. Por exemplo, muitas distopias ecoam o antigo mito grego do arrebatamento do fogo. O protagonista da distopia procura libertar as pessoas da opressão e do engano das elites dominantes, o que o torna extremamente semelhante a Prometeu, cujo objetivo era salvar as pessoas do domínio arbitrário dos deuses do Olimpo. A diferença essencial é que o fim dos análogos modernos de Prometeu não é tão triste como o do seu protótipo mitológico. É também de notar que mitos semelhantes (o roubo do fogo e a transmissão do conhecimento à raça humana), com valores semelhantes e mais ou menos a mesma série de acontecimentos, podem ser encontrados em muitas culturas nacionais em todo o mundo.

Esta tendência é particularmente interessante para os mitos que estão próximos em termos de séries de acontecimentos e atitudes de valor, porque estas histórias mitológicas permitem-nos considerá-las no contexto dos mitologemas - as suas fabulas geradoras originais. Os mitologemas mais frequentes no grupo dos géneros de aventura são os do grande mistério, do defensor da nação, do filho pródigo, do conquistador hipócrita e dos irmãos apaixonados pela mesma mulher.

A mitologia do grande segredo. O herói recebe acidentalmente a "chave" do "grande segredo" nas suas mãos, mas não compreende o verdadeiro significado dessa "chave". Contra a sua vontade, o herói envolve-se num conflito com o antagonista que defende o "grande segredo". O herói descobre o verdadeiro significado da "chave" e até consegue investigar o mistério. O herói e o antagonista disputam abertamente a posse do "grande segredo". O herói resolve o enigma e, tendo derrotado o antagonista, torna-se o detentor do "grande segredo".

Os exemplos mais marcantes de filmes em que a mitologia do grande mistério pode ser claramente traçada são O Ouro de Mackenna (1969, J. Lee Thompson), A Ilha do Tesouro (1988, realizado por David Cherkassky), A Ilha do Tesouro (2011, realizado por Steve Barron) e O Código Da Vinci (2006, realizado por Ron Howard), "As Aventuras de Tintin: O Segredo do Unicórnio (2011, realizado por Steven Spielberg), Harry Potter e a Pedra Filosofal (2001, realizado por Chris Columbus), Harry Potter e a Câmara dos Segredos (2002, realizado por Sheldon Lettice), A Nona Porta (1999, realizado por Roman Polanski), Sahara (2005, realizado por Breck Eisner), National Treasure (2004, realizado por Breck Eisner), A Ordem (2001, realizado por Sheldon Lettice), A Nona Porta (1999, realizado por Roman Polanski), Sahara (2005, realizado por Breck Eisner), National Treasure (2004, realizado por John Turteltaub),

É importante notar que a mitologia do grande mistério é relativamente jovem. Começou a tomar forma na cultura europeia na época das Cruzadas (com o aparecimento e a difusão das ordens cavalheirescas), desenvolveu-se na época das grandes descobertas geográficas (com a descoberta do Novo Mundo) e consolidou-se na viragem dos séculos XIX e XX (na onda da crescente popularidade do género literário da aventura).

Mitologia do defensor da nação (corresponde ao mito bíblico de Moisés e à figura histórica de Armínio). O herói, criado como inimigo do seu povo, testemunha a opressão dos membros da sua tribo. Tenta negociar diplomaticamente para obter a clemência dos membros da sua tribo, mas depara-se com a reação hostil dos seus camaradas e decide lutar por eles, traindo os seus "irmãos de armas". O herói prepara uma revolta e habilmente atrai o antagonista para uma situação perigosa, onde o destrói e liberta o "seu povo".

Os exemplos mais marcantes de filmes em que a mitologia do defensor da nação pode ser claramente traçada são "Equilibrium" ("Equilibrium", 2002, realizado por Kurt Wimmer), "V for Vendetta" ("V for Vendetta", 2006, realizado por James McTeague), Avatar (2009, realizado por James Cameron), O Príncipe do Egipto (1998, realizado por Brenda Chapman, Steve Hickner e Simon Wells), James McTeague), Avatar (2009, realizado por James Cameron), O Príncipe do Egipto (1998, realizado por Brenda Chapman, Steve Hickner e Simon Wells). A mitologia modificada do protetor da nação pode ser encontrada em Cipollino (1961, realizado por Boris Dezhkin), Braveheart (1995, realizado por Mel Gibson), Les Druides (Vercingétorix, 2000, realizado por Jacques Dorfmann), Animal Farm (1999, realizado por John Stephenson).

O mito do filho pródigo. O herói sente-se insatisfeito com a sua situação e decide mudar o seu modo de vida habitual em nome da prosperidade material. O herói é bem sucedido materialmente, mas torna-se espiritualmente pobre. Perde o seu estatuto material e apercebe-se de que o seu verdadeiro valor foi traído no início da sua viagem para a riqueza. O herói "regressa a casa".

Os exemplos mais marcantes de filmes em que a mitologia do filho pródigo pode ser claramente traçada são Kramer vs Kramer (1979, realizado por Robert Benton), Big (1988, realizado por Penny Marshall), What About Bob? (1991, realizado por Frank Oz), Les compères (1983, realizado por Francis Weber), Les compères 2 (Un jour mon père viendra, 2011, realizado por Martin Valente).

Mitologia do conquistador hipócrita. Um herói vaidoso e cruel, irritado por não ter obtido o poder sobre uma determinada esfera ou território, decide destruir a pessoa que obteve esse poder. O herói finge ganhar o favor do seu adversário e dá-lhe a máxima confiança. O herói derruba o adversário e obtém o poder desejado. O herói é derrubado pelos defensores do seu inimigo difamado, e este regressa ao trono.

Este mitologismo é mais frequentemente encontrado nas imagens dos antagonistas. Exemplos típicos deste mito podem ser encontrados nos enredos de Horrible Woo ("Arthur and the Minimates"), Lord Voldemort ("Harry Potter"), Vice-Chanceler Dupont ("Equilibrium") e outros. Variantes transformadas desta mitologia são os enredos do lobo em "Capuchinho Vermelho", do Senhor Tomate em "Cippolino" e de outros vilões insidiosos dos contos de fadas.

Mitologia dos irmãos apaixonados pela mesma mulher (o exemplo mais antigo é o triângulo amoroso: Osíris - Ísis - Seth). Dois irmãos apaixonam-se pela mesma rapariga. Cada irmão tenta atrair a atenção da escolhida, mas ela escolhe o mais nobre. O irmão rejeitado, humilhado, persegue o seu rival sortudo, mata-o e tenta tomar o seu lugar. A escolhida rejeita o irmão mau e vai procurar o seu marido no além, trazendo-o de volta à vida.

Os exemplos mais claros de filmes baseados inteiramente na mitologia de irmãos apaixonados pela mesma mulher são Paixão Fatal (The Immigrant, 2013, realizado por James Gray), Desprezível (Scorned, 2013, realizado por Mark Jones), This Means War (2012, realizado por McGee).

As duas últimas mitologias são mais frequentemente concretizadas em subtramas ligadas aos antagonistas. Os mitologemas do filho pródigo, do protetor da nação e do conhecimento secreto servem mais frequentemente de base ao enredo principal ligado ao protagonista. É de notar que os mitologemas existem geralmente como enredos básicos ligados ao protagonista, de modo que a influência dos mitologemas nas obras de arte é revelada através do protagonista ou através do par dicotómico protagonista-antagonista. Os exemplos seguintes confirmam esta ideia. O mitologema da criação do mundo e o mitologema da criação do homem giram em torno da figura do criador (o deus ou deuses que habitavam o proto-mundo - o cosmos primário). A mitologia da queda pecaminosa baseia-se na transmissão da história do homem criado e do seu antagonista (o mensageiro do dom/fonte da imortalidade e o seu oposto - o dom/fonte da mortalidade e da existência perecível). A mitologia do dom do fogo é inconcebível sem a figura de um herói (deus ou semideus) solidário com o pesado fardo do género humano.

O mitologema do destino gira em torno da figura do herói, condenado a fazer exatamente o que o destino lhe ordenou. Por outras palavras, a essência dos mitologemas é centrar-se no herói, cujo destino e acções revelam o enredo gerador básico.

Ao analisarmos os mecanismos de influência dos mitologemas na cinematografia, verificámos a mesma organização da imagem do protagonista nos mitologemas que encontrámos, que propusemos designar pelo termo "tetracotomia cíclica". Por "ciclicidade" entendemos um imperativo de enredo em que, após o desenlace, o herói, transformado pelos acontecimentos da história, deve regressar ao estado inicial, mas com uma qualidade nova e progressiva. Por "tetracotomia" entendemos os quatro estados ou qualidades básicas pelos quais o herói deve passar para completar o círculo, ou seja, a natureza cíclica da história. A própria definição de "tetracotomia" é composta por "tetra" - "quatro" e "tomos" - "divisão" e, por analogia com a definição de "dicotomia" (bifurcação, divisão sucessiva em duas partes opostas), implica a divisão do todo em quatro partes, cada uma das quais se opõe às outras três.

No seu livro "The Million Dollar Story", R. McKee propõe, no capítulo "The Principle of Antagonism", um método para trabalhar o enredo do argumento, baseado na progressão negativa da mudança dos valores da história: do positivo ao limite, depois ao oposto e marginal - extremamente negativo, portador de uma dupla carga negativa (McKee refere-se a este valor como a "negação da negação") [21, p. 321-334]. Segundo McKee, "a história, que no seu desenvolvimento atinge o limite da experiência humana através de um conflito profundo e amplo, deve passar por todas as etapas do modelo" [21, P. 322] [21, C. 322].

A progressão cíclica de quatro ciclos também está presente em O Herói com Mil Faces, de J. Campbell. Embora o próprio Campbell veja cada história como uma variação de um único monomito imperativo baseado em 27

Na viagem em três actos do herói, a sua caraterização psicológica desenvolve-se em quatro fases claramente distintas: a falha, a humildade, o desespero e o auto-sacrifício. No artigo "Blockbuster: Arquétipos e Actos", D. Proskurov chama igualmente a atenção para este modelo de mudança em quatro actos nos arquétipos do "herói de mil faces". Proskurov designa as etapas do desenvolvimento do herói de Campbell por categorias "junguianas" de arquétipos: "Órfão", "Vagabundo", "Guerreiro" e "Mártir" [25]. [25].

Os "órfãos" são tanto personagens órfãs (ou seja, crianças privadas de pais ou tutores por vontade das circunstâncias) como pais/mães sem filhos, políticos desonrados, trabalhadores/empregados que perderam os seus empregos, artistas que perderam o seu reconhecimento, párias, etc. O herói torna-se "órfão" ao perder um determinado valor no início da história, que é normalmente o principal valor positivo da própria história ou diretamente ligado a ela. O herói torna-se "órfão" ao perder um certo valor no início da história, que é geralmente o principal valor positivo da própria história ou diretamente ligado a ela. O "errante" é um tipo de herói que tenta adaptar-se e habituar-se às circunstâncias, preferindo a fuga à luta, tentando não se aperceber da inconsistência óbvia entre a realidade e as expectativas iniciais. Do ponto de vista da progressão de valores da história, este herói evolui para um estado limite passivo de orientações de valores. A transformação do herói em "guerreiro" envolve um "batismo de fogo", quando o herói é forçado a renunciar aos seus valores iniciais e a substituí-los por valores opostos. Finalmente, o arquétipo do "mártir" envolve um herói que está preparado para tomar a ação mais arriscada e imprudente, porque só cometendo um ato de auto-sacrifício é que o herói será capaz de atingir o objetivo principal da história.

A motivação do herói na tetracotomia cíclica pode basear-se nos "estilos de vida" de Adler: o tipo recetor, o tipo evitador, o tipo controlador e o tipo socialmente útil. No início da história, o herói representa geralmente o tipo recetor: é privado de algo, mas aceita o papel que lhe é imposto pelo exterior, sem fazer nada para melhorar a realidade. A segunda fase do desenvolvimento do herói é caracterizada por uma transformação no tipo evitante: o herói encontra-se numa situação ainda mais difícil ou abusiva, 28

No entanto, ele não está preparado para tentar remediar a situação. A pressão acumulada das circunstâncias sobre o herói leva-o a querer dominar os seus opressores (circunstâncias ou outras personagens), o que é uma caraterística do tipo controlador. Finalmente, quando o herói se apercebe de que é a antítese dos seus ideais iniciais, experimenta um desejo altruísta, o que significa uma transição para o tipo socialmente útil.

A auto-consciência do herói na tetracotomia cíclica aparece como um complexo de crises existenciais, segundo R. May. O herói encontra-se primeiro na fase da "Inocência", sem se aperceber dos fenómenos de crise no seu mundo, passivo, não se apercebendo ou ignorando os problemas, não procurando mudar nada para mudar a situação. Depois, quando o herói reavalia os seus valores sob a pressão das circunstâncias, passa à fase da "Rebelião": continua passivo, mas já tem um objetivo externo. A terceira fase do desenvolvimento do herói corresponde à fase da "auto-consciência comum", quando o herói identifica o problema, os meios para o resolver e se dedica a um objetivo externo significativo. A última fase - "auto-consciência criativa" - caracteriza-se pela revelação do herói sobre si próprio; em primeiro lugar, o herói elimina a auto-ilusão da sua consciência de si próprio e do seu objetivo [16, pp. 284-288].

A tetracotomia cíclica em relação à identidade do herói pode ser desenvolvida com base nos pontos de vista de Erikson sobre o conflito normativo e a crise de identidade. A fase "Confiança versus Desconfiança" de Erikson caracteriza-se pela ingenuidade e credulidade, passividade, desconfiança e, por vezes, cinismo do herói. A segunda fase - "Autonomia versus vergonha e dúvida" - transforma o herói de um indivíduo desconfiado e crédulo num rebelde, pronto a defender o direito à autonomia. A terceira fase - "Iniciativa contra a culpa" - caracteriza-se por um novo ciclo de desenvolvimento do herói, provocado pela culpa da sua excessiva passividade ou, pelo contrário, da sua atividade. Na quarta fase 29
Na fase "Zelo contra os sentimentos de inferioridade", o herói comete um ato de auto-sacrifício, expondo o seu bem-estar pessoal a um risco conscientemente excessivo em nome de um objetivo elevado [16, p. 119-129].

É importante mencionar as visões científicas de Carl Gustav Jung sobre psicologia, que também se correlacionam com os exemplos considerados do desenvolvimento do herói no contexto do desenvolvimento do enredo, e segundo as quais o todo (a personalidade integral) é composto por quatro partes - dois pares de opostos que asseguram o equilíbrio [11, p. 186]. [Segundo Jung, estes opostos são a Persona, o Mestre (Deusa/O Velho Sábio), a Sombra e o Objeto de Amor (Anima/Animus). Do ponto de vista da sua influência no enredo, este modelo desempenha o papel de lógica de controlo do herói - uma espécie de "cardeal cinzento" subconsciente do herói. Assim, na fase inicial, o herói é uma "Persona" - o herói tal como ele é, com o seu estilo de vida e visão do mundo habituais. O desenvolvimento do enredo leva o herói ao nível de "professor" - o herói aprende a sobreviver, adaptando-se a condições novas e invulgares. À medida que o enredo se desenvolve, o herói é confrontado com o desejo de destruir as forças do antagonismo, tornando-se idêntico à "Sombra" - o oposto ideológico da "Persona". Por fim, no final da história, o herói apercebe-se de que, devido às suas acções como "Sombra", o seu objeto de amor - a "Anima" - tem de sofrer, e toma medidas para o salvar, regressando aos valores positivos da criação.

Resumindo os exemplos discutidos acima, pode-se argumentar que há uma aparente uniformidade nas principais forças motrizes do protagonista nos modelos acima, que influenciam a estrutura composicional, o cenário e o impulso da história. Comparando os modelos de Jung, May, McKee, Campbell, Adler e Erkson, pode argumentar-se que todos eles descrevem o mesmo padrão de desenvolvimento do enredo e do herói, examinando uma gama restrita de tarefas específicas de construção de histórias: Robert McKee constrói a progressão de valores (o padrão de mudança nas orientações de valores do herói), Joseph Campbell identifica o tipo de reação do herói às circunstâncias, Alfred Adler constrói os motivos de ação do herói, Rollo Rhys May constrói a auto-consciência do herói, Erik Erikson examina a sua crise de identidade e Carl Gustav Jung examina as forças motrizes e as orientações de vida do herói. Assim, se combinarmos todos os modelos numa estrutura complexa e integrada - a tetracotomia cíclica - obtemos a seguinte progressão composicional:

I. Exposição do herói: O herói é passivo, crédulo, não tem consciência das suas verdadeiras capacidades, não faz praticamente nada para mudar a sua situação, apesar de ser o portador do valor positivo da história e, em resultado de circunstâncias que escapam ao seu controlo na altura, o herói perde algo que lhe era particularmente valioso. Nesta fase do desenvolvimento da história, o herói aparece como um indivíduo egocêntrico cujas aspirações se centram na procura de formas de satisfazer as suas próprias necessidades.

II. Motivação do herói: como resultado das mudanças provocadas pelas circunstâncias fatídicas, o herói está pronto para afirmar o seu direito à autonomia, tenta libertar-se da opressão das circunstâncias e encontrar a força interior para a combater, mas como evita tarefas difíceis, responsabilidades e obrigações, tem de se adaptar à opressão das circunstâncias, o que faz com que o herói se torne o portador do valor limitador da história. Nesta fase do desenvolvimento da história, o herói aparece como uma pessoa orientada para encontrar uma saída para a situação, procurando aprender e adaptar-se às novas realidades da sua vida.

III. Hero Action: Por causa do ressentimento que se acumula.

O herói realiza o seu potencial e atinge um objetivo externo importante. O herói está pronto a agir ativamente para atingir um objetivo externo importante, aspirando à superioridade e ao domínio sobre os outros, tornando-se assim o portador do valor negativo da história. Nesta fase do desenvolvimento da história, o herói aparece como uma pessoa ativa, agindo espontaneamente, mas com uma ideia clara das suas metas e objectivos, e com as características psicológicas do seu antípoda.

IV. A catarse do herói: como resultado da luta por um objetivo externo importante, o herói encontra-se numa ilusão - ou seja, o herói é portador de um valor extremamente negativo na história, mas porque o herói, na sua autoconsciência, ultrapassa os limites da sua própria personalidade, sente a crise e o fracasso das suas visões do mundo, o que o encoraja a um conjunto de acções desesperadas mas significativas destinadas a derrotar as forças do antagonismo. Como resultado, o herói antípoda, através de uma abnegação desesperada, volta-se para uma atividade socialmente útil. Nesta fase do desenvolvimento da história, o herói passa ativamente de valores e visões do mundo marginais para valores altruístas que visam o bem do seu semelhante.

O modelo proposto centra-se principalmente no protagonista, ou seja, na personagem principal da história. No entanto, em algumas imagens, este modelo é concretizado não só no enredo principal ligado ao protagonista, mas também nos subenredos e nas personagens a eles ligadas. Em geral, o herói dramático (incluindo o de aventura) parece ser altamente regulado, embora por vezes esta regulação seja implementada numa organização subtil do herói, como confirma o artigo de Olga Artemieva "When heroes pass into eternity" (a citação não é feita de acordo com os requisitos de respeito pelos direitos de autor e direitos conexos do conselho editorial de "Film Studies Notes") [3].

Ao sistematizar este modelo, podemos identificar os seguintes critérios que influenciam a composição e a caraterização do herói: valor, propriedade de controlo, arquétipo psicológico, motivo, consciência de si, força motriz, identidade, orientação, fator de motivação e tipo de herói. Com base nestes critérios, o modelo complexo da tetracotomia cíclica pode ser visualmente ilustrado pelo seguinte quadro recapitulativo dos critérios de desenvolvimento do herói:

	exposição	**incentivo**	**ação**	**catarse**
valor	positivo	fronteira	negativo	marginal
propriedade de controlo	inferioridade	humildade	desespero	abnegação
arquétipo psicológico	"órfão".	"vagabundo	"guerreiro".	"mártir
motivo	receção	evitar	gestor	socialmente útil
autoconsciência	inocência	tumulto	convencional	criativo
força motriz	ingenuidade	protesto	objetivo externo	grande objetivo
identidade	confiança/desconfiança	autonomia/ dúvida	iniciativa/culpa	diligência/inferioridade
foco	próprio pessoa	conhecimento do mercado	eliminação de antagonistas	a favor de familiares/ as empresas

fator de motivação	pessoa	deusa/velho sábio	sombra	anima
tipo de carácter	responsabilidades	inativo	activos	hiperativo

Tabela 1: Características dos processos de desenvolvimento do herói na tetracotomia cíclica

A eficácia da tetracotomia cíclica no cinema estrangeiro é ilustrada pelos seguintes exemplos.

Jack, o herói do filme de maior bilheteira da história mundial (Avatar de James Cameron), aparece no início do filme como um veterano deficiente confiante que perdeu o seu irmão gémeo (= "órfão"). Aceita participar na experiência para seu próprio bem (para recuperar a mobilidade das pernas = para conseguir o que quer = centrado na pessoa) e para realizar o principal valor da história - a liberdade como bem-estar universal (valor positivo). No entanto, à medida que a história avança, Jack aceita as políticas discriminatórias dos terráqueos em relação aos habitantes de Pandora (o "vagabundo" que foge às suas responsabilidades) e a rejeição do seu "avatar", passando assim para o valor limite da coerção. Jack encontra mentores: uma cientista, Grace, e uma jovem aborígene (arquétipos da deusa e do mentor como personificações do sábio ancião), cujos conselhos o ajudam a compreender o contexto dos acontecimentos. À medida que os acontecimentos se desenrolam, quando a missão colonial decide expulsar os nativos dos seus locais de residência, Jack perde a confiança das tribos locais e, já portador a contragosto do valor da escravatura, procura dominar com o importante objetivo externo de um compromisso sem derramamento de sangue. Os acontecimentos finais culminam com a ação militar, em que Jack passa do valor marginal da escravatura, entendida como liberdade, para o valor positivo da liberdade e, através do auto-sacrifício - com risco da própria vida e do confronto com os militares do planeta Terra (o que significa perder a possibilidade de se livrar da sua deficiência), leva a cabo uma série de acções arriscadas, liderando a revolta dos nativos contra os ocupantes da Terra. Vale a pena notar que o enredo deste filme é baseado na mitologia do defensor da nação.

Se nos voltarmos para os principais produtores de filmes de aventura na distribuição cinematográfica mundial - os produtores Jerome Leon Bruckheimer e Luc Besson, os enredos dos seus filmes também se baseiam no modelo considerado de tetracotomia cíclica. Os filmes de Bruckheimer "Ghostbusters", "Beverly Hills Cop", "Bad Guys", "The Rock", "Air Jail", "Armageddon", "Enemy of the State", "Hijack in 60 Seconds", "Pirates of the Caribbean", "The Treasure of a Nation", "Darwin's Mission", "The Sorcerer's Apprentice" enquadram-se todos na tetracotomia cíclica. Além disso, na maioria destes filmes, a tetracotomia cíclica rege não só o protagonista e o seu enredo, mas também as personagens secundárias e os enredos secundários que lhes estão associados. Nos filmes de aventura de Luc Besson "O Quinto Elemento", "Distrito Treze", "Arthur e os Minimes" e "As Incríveis Aventuras de Adele", a tetracotomia cíclica é também a estrutura reguladora dos enredos dos filmes.

Em suma, a análise dos mitologemas, arquétipos e mitos na sua interação sistémica com o cinema:

1. O cinema recorre por vezes a motivos mitológicos.
2. Os mitólogos são construídos em torno do carácter do herói.
3. Os mitologemas são sequências de arquétipos (heróis, situações ou reacções dos heróis a situações).
4. Os arquétipos do herói de cinema estão correlacionados com os papéis sociais mais típicos;
5. O principal mecanismo de influência das mitologias na cinematografia é a tetracotomia cíclica como base para a organização da imagem do protagonista;
6. O cinema comercial estrangeiro utiliza ativamente a tetracotomia cíclica como regra reguladora para o desenvolvimento do enquadramento, das ideias orientadoras e da lógica narrativa. O cinema comercial estrangeiro também utiliza mitologias específicas de acontecimentos/personagens mitológicos, lendários, folclóricos, de contos de fadas e históricos;
7. O grupo do género aventura é mais influenciado pelos mitologemas, mitos e arquétipos do que os outros e utiliza ativamente exemplos específicos destes e incorpora a tetracotomia cíclica nas composições de obras específicas.

Com base nos exemplos de mitologemas apresentados acima, podemos considerar os mitologemas como fábulas básicas para as quais a semântica das etapas do desenvolvimento do herói está geralmente disponível.

Naturalmente, seria incorreto dizer que os mitologemas são dominantes criativos absolutos - "verdades em última instância", mas isso não significa que os mitologemas não estejam disseminados. Os mitologemas difundem-se através da tetrachotomia cíclica (sequências de propriedades psicológicas e factores de desenvolvimento do herói). Os mitologemas generalizados raramente se encontram no cinema de autor, em géneros "elevados" ou em histórias anti-sujeito, embora haja excepções a esta regra, como La chambre des magiciennes (1999, realizado por Claude Miller). Mesmo uma amostra

"O filme Copie conforme (cópia certificada, 2009, realizado por Abbas Kiarostami) baseia-se na tetracotomia cíclica. Tudo isto nos leva a concluir que o mitologema como estrutura lógica (constituída por arquétipos que determinam a direção do desenvolvimento da história) tem uma certa influência no cinema, principalmente nos géneros de sucesso comercial, entre os quais domina tradicionalmente o género da aventura.

CAPÍTULO 3

MITOLOGEMAS, MITOS E ARQUÉTIPOS NO CINEMA DE AVENTURA BIELORRUSSO

O cinema de aventura bielorrusso caracteriza-se por tendências pan-europeias no grupo dos filmes de aventura, utilizando ativamente a síntese de géneros, o que, por exemplo, não era caraterístico da maioria dos géneros do grupo dos filmes de aventura do cinema americano até à década de 1990 [50, p. 45]. É particularmente importante notar a tendência para introduzir elementos cómicos nos filmes de aventura, uma vez que esta caraterística do cinema de aventura europeu e bielorrusso constitui uma diferença significativa em relação ao cinema americano, que só começou a introduzir ativamente elementos cómicos após o sucesso dos filmes de ação cómicos de Hong Kong no mercado cinematográfico norte-americano [50, p. 162-164]. Esta tendência permite-nos concluir que o cinema de aventura bielorrusso, na sua vertente de género, se desenvolveu de acordo com as tendências europeias, que sempre se esforçaram por "desarmar" a atmosfera séria do cinema de aventura e a síntese de géneros como instrumento para satisfazer as expectativas do público.

Em grande medida, a síntese de géneros no cinema baseia-se na tradição literária, na qual uma história de aventura é inconcebível sem linhas irónico-cómicas, melodramáticas e líricas. Além disso, esta caraterística da literatura europeia e bielorrussa tem raízes bastante profundas, o que, em certo sentido, nos permite vê-la no contexto da utilização de arquétipos e mitologemas que moldaram as expectativas do público. A confirmação desta ideia, que pode ser descrita como uma tese - "o próprio espetador conhece as fórmulas de todos os géneros" - pode ser encontrada no artigo de Dmitry Salynsky "Sketches to the Problem of Genres in Cinema" [29]. [29].

Outra caraterística distintiva do cinema de aventura bielorrusso é a ênfase tradicional nos filmes militares e infantis. Embora o grupo de géneros de aventura no cinema bielorrusso seja representado por uma rica paleta de géneros, os exemplos mais marcantes de géneros de aventura estão associados a filmes para crianças e jovens e a filmes de guerra.

No que diz respeito aos filmes de aventura para crianças e adolescentes na Bielorrússia, podemos ver que, em termos de género, estes filmes são representados pelos géneros de fantasia, aventura, detetive e ficção científica.

No início da década de 1970, o filme "Conto de Fadas da primavera" foi lançado na televisão. Pode ser classificado no género de fantasia melodramática, baseado no conto de fadas "A Donzela da Neve" de A.N. Ostrovsky. O "Conto de Fadas da primavera" é uma interpretação do mito do amor proibido, em que encontramos uma mitologia altamente transformada de irmãos apaixonados por uma única mulher.

O próximo exemplo notável deste grupo é o filme "Zimorodok", que conta a história da busca do estudante Marat por um herói clandestino apelidado de Zimorodok. Neste filme, o género aventura é resolvido através de um motivo policial - a procura de um herói de guerra por crianças em idade escolar. O arquétipo fundamental do filme é a imagem do defensor do povo, encarnado pelo guerrilheiro de alcunha Zimorodok. O enredo deste filme não se baseia em nenhuma mitologia explícita.

O filme soviético para crianças e adolescentes mais marcante do período em análise é o filme Kortik, de 1973. Do ponto de vista do modelo clássico da estrutura de três actos, cada episódio de Kortik é um ato separado; entretanto, este filme corresponde à tetracotomia cíclica discutida no segundo capítulo desta tese. Estruturalmente, a tetracotomia cíclica deste filme surge como uma progressão ostinatória do enredo de base, cujo enquadramento é constituído pelas realidades da guerra civil, pelo mistério contido na adaga e pelo justo castigo do criminoso na pessoa de Nikitsky.

A iconografia da pintura baseia-se numa fábula construída em torno de conhecimentos secretos (conhecida no folclore eslavo como "Vai lá, não sei onde. Trazer de volta não sei o quê"), correlacionada com o mito de Jasão e a busca do Tosão de Ouro (o regresso dos valores perdidos da Cólquida à sua terra natal). Para além disso, as principais dominantes iconográficas do mito de Jasão ecoam os símbolos incorporados no enredo do filme. A própria imagem do punhal remete para a iconografia da espada, símbolo de bravura, poder e justiça administrativa [38, p. 358]. A imagem do poder é interpretada no contexto do destino dos proprietários do punhal: o poder passou dos aristocratas para os revolucionários (Polevoy); o poder foi tentado por bandidos - as "forças do mal" (Nikitsky); finalmente, o poder passou para as mãos da geração jovem e decente (Misha).

A imagem do punhal (símbolo da justiça administrativa),

A baioneta, como análogo da espada, é interpretada como um dos símbolos de Melpomene [38, p. 359]. Além disso, o punhal, como análogo da espada, é interpretado como um dos símbolos de Melpomene [38, p. 359], o que também é relevante, dado o zelo das crianças na organização do clube de teatro infantil e na angariação de fundos para as pessoas famintas da região do Volga através de espectáculos teatrais. O relógio, que é a peça principal do puzzle do punhal, é "um atributo de moderação personificado" [38, p. 614]. [Simboliza a atitude cautelosa das autoridades soviéticas em relação à riqueza recém-adquirida, que o dirk mantinha em segredo.

"O Pássaro de Bronze" e "O Último verão da Infância" (ambos lançados em 1974) são sequelas de "Kortik". Estes filmes reforçam a imagem de jovens aventureiros soviéticos criada em Kortik, o que explica a homogeneidade estrutural e composicional destes filmes, que mantêm o domínio da mitologia do conhecimento secreto, mas têm uma componente policial mais ativa. A mitologia do conhecimento secreto é caraterística dos filmes em questão (Kortik, L'oiseau de bronze e Le dernier été de l'enfance, com a diferença de que este último tem uma componente policial mais ativa).

Em particular, a mitologia do conhecimento secreto está subjacente aos enredos do franchise cinematográfico "Indiana Jones", "O Código Da Vinci", bem como aos êxitos da última década - "O Senhor do Código". Em particular, a mitologia do conhecimento secreto está na base dos enredos das franquias cinematográficas "Indiana Jones" e "O Código Da Vinci", bem como dos êxitos de bilheteira da última década - "O Senhor dos Anéis", "Harry Potter", "Piratas das Caraíbas" e "Artur e os Invisíveis".

Voltando a "O Pássaro de Bronze" e "O Último verão da Infância", é de notar que a iconografia das pinturas também continua a tradição semântica de "Kortik", substituindo a imagem da espada por uma combinação de imagens de uma ave de rapina (símbolo de força e vitória [38, P. 406]) e um diamante (símbolo da transitoriedade dos bens terrenos [38, p. 224]), bem como a imagem de relíquias como paráfrase dos documentos de Navrotsky em "O último verão da Infância".

É de salientar a especificidade da incorporação das imagens e a correlação do enredo com as mitologias identificadas. Os acontecimentos retratados nos três filmes referem-se ao período de formação do poder soviético, e a principal função ideológica de Misha e dos seus camaradas é servir de molde moral para os jovens construtores do comunismo. Neste contexto, a formalização de certas imagens torna-se compreensível, tal como a natureza psicológica estática particular das imagens das personagens, que não podem manifestar abertamente uma progressão de valores negativos ou identificar-se plenamente com a sua "sombra". Um estudo das críticas dos espectadores em fóruns em linha e portais Web (principalmente kinopoisk.gtsy kino-teatr.ru) mostra mesmo o arquétipo de Misha Polyakov como um corajoso lutador pela justiça no panteão soviético dos heróis do cinema, embora o herói dos romances de Anatoly Rybakov apareça como um modelo patriótico de herói bastante achatado e exagerado. Ao mesmo tempo, a neo-mitologia soviética das duas últimas décadas da existência da URSS colocou não só Misha Polyakov mas também o enredo de "Kortik" num pedestal como o mito do patriota soviético adolescente.

"As Aventuras de Pinóquio", de 1975, baseia-se no arquétipo do filho pródigo, uma vez que toda a história do amadurecimento de Pinóquio é quase uma encarnação direta deste mito bíblico do Novo Testamento. A fonte original de "Pinóquio" - "Pinóquio" de Carlo Collodi - retrata a história do filho pródigo de uma forma mais próxima da mitologia original, sendo Pinóquio mais um filho pródigo do que um Pinóquio. Pinóquio é uma modificação da personagem original, com uma mensagem de aviso simples para um público infantil, saltando as fases difíceis da história de Pinóquio para que as crianças a possam interpretar por si próprias. Apesar dos desvios em relação à história de base, pode dizer-se que os principais motivos do mito e da mitologia do filho pródigo estão presentes em As Aventuras de Pinóquio.

O filme "Capuchinho Vermelho", de 1977, é o segundo exemplo mais brilhante de cinema para crianças e adolescentes depois de "Kortik". O enredo de "Capuchinho Vermelho", transposto do conto de Charles Perrault para o argumento do filme, é uma interpretação da versão francesa de um conto popular europeu muito difundido sobre uma menina que encontra um lobo. A maioria dos exemplos folclóricos desta história tem uma forte conotação sexual e envolve o triunfo do lobo que mata a rapariga. As versões literárias mais conhecidas (Charles Perrault e a versão dos irmãos Grimm do conto original) atenuam os motivos sexuais e oferecem um final diferente, em que a menina consegue salvar-se. O mito do "Capuchinho Vermelho" é um conto etnopedagógico sobre o perigo dos estranhos e, de certa forma, correlaciona-se com a mitologia do conquistador hipócrita (através da imagem do lobo).

O filme "Capuchinho Vermelho" afasta-se fortemente do enredo básico e é uma interpretação livre do mesmo, uma vez que a ação do filme decorre após os acontecimentos descritos no conto de fadas e baseia-se na atitude moral de perdoar a velha inimizade. Note-se que os irmãos lobos e o Capuchinho Vermelho representam ambos o arquétipo do "tolo". Os lobos são tolos porque, sem serem vilões, aceitam vingar-se do Capuchinho Vermelho. O Capuchinho Vermelho é uma interpretação do simplório e ingénuo Ivan, o Bobo, do folclore russo. Apesar do mito original de uma jovem rapariga que encontra um lobo traiçoeiro, e do enredo básico deste mito, os motivos mitológicos originais estão ausentes de "Sobre o Capuchinho Vermelho".

O seguinte exemplo de cinema de aventura para crianças e jovens - o conto de fadas de 1981 "Risos Vendidos", baseado no romance "Tim Thaler, ou Risos Vendidos" do escritor James Crews, não só corresponde inteiramente à estrutura quaternária da tetracotomia cíclica, como também se baseia em dois arquétipos importantes da situação na Europa Ocidental - o pacto com o diabo e o engano do diabo. Tim Thaler, o protagonista do filme, completa um ciclo completo de desenvolvimento psicológico: do tipo recetor, portador do valor positivo da história, ao tipo de personalidade "epifânico", socialmente útil e abnegado, passando de portador de um valor marginal a portador do valor positivo original. Na sua obra literária, Crews estabelece valores morais que suplantam a importância dominante do bem-estar material, estabelecendo o valor do sorriso e do riso como a encarnação das virtudes humanas.

Para continuar a nossa análise dos filmes domésticos de aventura para crianças e adolescentes e da incorporação de mitologemas nestes filmes, vale a pena olhar para o filme cómico de ficção científica Impressões de verão no Planeta Z (1986), uma paródia perestroika do filme Alien de Spielberg (baseado na obra de William Kotzwinkle). Felix, que chegou do Planeta X, corresponde ao I.P. de Spielberg na sua importância para os terráqueos que o acolheram, escondendo-o dos forasteiros (principalmente do principal antagonista, o barbeiro-feiticeiro Mihalych). Na prática, tal como em I.P., o regresso a casa do extraterrestre Felix está ligado à sua fuga da vida na Terra.
do malévolo. No entanto, a semelhança entre I.P. e Felix é extremamente condicional, uma vez que Felix Lucky surge como o arquétipo do "Bispo dos Tolos". O rapaz extraterrestre faz perguntas com respostas óbvias, ou reporta informações à nave espacial nas categorias de um filósofo idealista, embora os argumentistas do filme pretendessem que ele fosse o Principezinho de uma nova forma. O Principezinho de Exupéry é um exemplo de uma alma pura, infantil mas madura, enquanto Felix Lucky, com argumento de Yuri Tomin e realização de E. Markovsky, se assemelha mais a uma criança da sua idade, sem qualquer experiência, exceto as categorias existenciais da inteligência extraterrestre.

Esta imagem é talvez a única das tiras juvenis que não corresponde à tetracotomia cíclica: a progressão dos valores tem apenas um valor limitado e positivo (indiferença e amizade). A evolução de Félix é formal e consiste no facto de que, sendo uma matéria humanoide pensante no início da história, Félix adquire certos traços humanos. No entanto, Félix continua a ser uma espécie de golem (criado não a partir do barro pelos judeus ortodoxos de Praga, mas a partir de carne e osso e de seres extraterrestres). A principal evolução de Félix é a sua tentativa de se transformar de um golem num rapaz normal. Só o professor de física, portador constante de valores positivos, é a fonte de um desenvolvimento psicológico coerente.

O filme também se distingue pela sátira mordaz à arte de vanguarda, conseguida através da imagem do grupo de rock "Astronauts". O realizador apresenta o grupo musical como um conjunto de jovens extremamente irrequietos e infantis que sobrestimam o seu talento. A apoteose desta caricatura da "alta" arte é a ópera rock "14 Pisos de Solidão", dirigida pelo líder dos "Astronautas", Andrew Morkovkin. A análise desta obra da indústria cinematográfica da Bielorrússia soviética mostra que a "febre da perestroika" na sociedade também se reflectiu no cinema. Isto levou à criação de um "filme misto" de O Principezinho, Alien e a lenda do Golem de Praga, temperado com as paixões da espionagem e a estética da bufonaria. No entanto, o filme é um verdadeiro espelho da visão do mundo dos adolescentes da época da perestroika, que misturava nobres princípios morais com um confuso desejo de expressão criativa.

O final da década de 1980 assistiu aos filmes infantis de aventura Flight into Monsterland (1986), baseado no mito do Messias (graças ao qual os motivos do mitologema do salvador da nação podem ser discernidos no filme), e Peter Pan (1987), baseado, tal como a sua fonte literária, num mito modificado do filho pródigo (o que indica a presença do mitologema correspondente).

O desenvolvimento do género de aventura para crianças e jovens foi interrompido durante muito tempo após o colapso da URSS: a última década do século XX foi marcada por uma ausência quase total de filmes bielorrussos de aventura para crianças e adolescentes. Só no início do século XXI é que a produção cinematográfica bielorrussa ressuscitou o género de aventura para um público mais jovem.

O regresso do género aventura ao ecrã para crianças e jovens está associado ao filme de Elena Turova, New Year's Adventures in July (2008), baseado na imagem mitológica do defensor da nação, Sasha e Dasha, que defendem as férias na Terra contra um invasor xenomorfo - o maléfico vírus G ala.

O mais brilhante filme de aventuras para crianças e adolescentes da primeira década do século XXI pode ser descrito como "A Cenoura no Espelho", realizado em 2010 por Elena Turova. A pré-história do enredo principal - a luta dos irmãos gémeos Morris e Sebastian pela mão da bela Mona, interpretada por Alesa Samokhovets, encarna a mitologia dos irmãos apaixonados pela mesma mulher (o vilão ciumento que não consegue a sua amada destrói o rival). A personagem principal da jovem Verónica, que é a descendência do monarca do conto de fadas, é apresentada como uma paráfrase da imagem mitológica do protetor da nação, resolvida através do mito bíblico de Moisés. De acordo com a versão de conto de fadas da história, foi Gennady Ivanovich que descobriu Bibilus, sob cujo disfarce se esconde,

a jovem foi transportada para o mundo real por uma cegonha num cesto, tal como no mito bíblico de Moisés, em que uma mãe envia o seu filho através das águas do Nilo num cesto de juncos. Tal como Moisés, Verónica, quando soube que estava morta, foi transportada num cesto.

O egípcio, que já não tem destino, vai ter com o malvado Mortis, o antigo príncipe Morris, para lhe pedir que deixe partir o seu povo. É verdade que as "sete pragas do Egipto" não são executadas pelo "maligno".

Faraó" Mortis, e a própria Verónica, para encontrar o cobiçado livro, um artefacto capaz de destruir o mago maléfico. O paralelo é também sugerido pela solução da morte de Mortis, que é semelhante à do Faraó: ambos são enterrados no abismo graças à intervenção de forças sobrenaturais. No caso do Faraó, o abismo são as águas do Mar Vermelho, e no caso de Mortis, são os tectos da antiga biblioteca. A livre interpretação da fonte mitológica reflecte-se na "simplificação" da imagem da protagonista. Se Verónica tivesse sofrido a tentação de estar perto do pai (não há pai no mundo real, nem no mundo dos contos de fadas), passando por momentos para o "lado negro" e afirmando um valor marginal, a sua imagem teria sido mais completa e autêntica.

No que diz respeito ao tema da progressão dos valores, é de notar a correspondência parcial da imagem com a tetracotomia cíclica, porque a incoerência com o desenvolvimento em quatro etapas proposto para os estados arquetípicos do herói reside na incoerência entre a progressão dos valores e a tipologia do herói. No que respeita à tipologia. Verónica aparece desde o início como um tipo de herói ativo, evoluindo para um tipo hiperativo. O valor encarnado pela protagonista mantém-se permanentemente positivo - a hegemonia da bondade. Além disso, o enquadramento da imagem corresponde ao modelo afirmado do mitologema. Assim, o fator motivador no início é a própria Verónica ("persona"), depois aparece Bibilus ("velho sábio"), a seguir Mortis ("sombra") e no fim - Alesya - a mãe de Verónica ("anima"). A orientação da heroína passa também pelas quatro etapas propostas: a sua própria pessoa (Verónica é uma princesa), a compreensão da situação (Verónica tem o destino de Nedália nas suas mãos), a destruição do antagonista (livrar o povo do País das Fadas do feiticeiro malvado) e o bem dos entes queridos e da sociedade (salvar a mãe, os bichos-da-seda, o mundo das fadas e o mundo real), o que corresponde à progressão das motivações da heroína: Verónica aparece como um tipo que recebe, depois como um tipo que evita, depois como um tipo que controla e, finalmente, como um tipo socialmente útil. A caraterística controladora da heroína também se apresenta em quatro fases: inferioridade (Verónica não tem pai), humildade (foi atribuído à menina um papel inadequado para a sua idade), desespero (perseguir o livro de seda) e auto-sacrifício (Verónica abandona o livro para salvar as suas mães tanto do mundo real como do mundo dos contos de fadas), o que também ilustra perfeitamente a progressão dos arquétipos psicológicos: Verónica passa pelas fases de "órfã", "vagabunda", "guerreira" e "mártir". O mesmo se aplica à auto-consciência da heroína: inocência (Verónica é filha de um bibliotecário), rebeldia (a perceção desafiadora de Verónica da nova realidade), normal (Verónica aceita a sua origem nobre e apercebe-se da sua capacidade de lutar contra Mortis), criativa (Verónica encontra uma forma de triunfar sobre o antagonista). A força motriz de "Carrot" também alterna entre quatro estados: ingenuidade (não compreender a magnitude do antagonista), protesto (identificar as forças do antagonismo), objetivo externo (destruir Mortis) e objetivo elevado (salvar a mãe). A crise existencial da rapariga também se desenrola em quatro fases: a identidade passa pelas fases de confiança e desconfiança, autonomia e dúvida, iniciativa e culpa, e o desenvolvimento de Verónica termina com a crise de identidade de diligência e inferioridade.

A perceção relativamente fria de parte do público de "A Cenoura no Espelho", com base numa comparação deste filme com os seus congéneres estrangeiros lançados no mercado nacional de distribuição cinematográfica, realça o único grande inconveniente do filme. Se omitirmos a caricatura das personagens de passagem, como o diretor da biblioteca Vadim Vygovorevich ou, por exemplo, o vírus travesso Chyukh, porque nos filmes para crianças e jovens as personagens de passagem caricaturadas fazem parte da convenção do género, não podemos omitir a caricatura do antagonista.

Os filmes estrangeiros de aventura para crianças e adolescentes têm como antagonista um vilão complexo e multidimensional. Em "Harry Potter", "As Crónicas de Nárnia" e "Arthur e os Mínimos", o antagonista é um vilão repugnante (Lord Voldemort, a Bruxa e o Horrível Urdalak, respetivamente) que não deixa de ser atraente, porque a sua história oficial é uma luta pela justiça. A aquisição de um poder ilimitado pelo "vilão sedutor" é uma questão de honra, pois, segundo ele, o poder foi-lhe retirado ilegalmente e ele próprio é um infeliz marginal oprimido pelas "forças do bem". Na realidade objetiva da história, a história do "vilão sedutor" de que ele é uma infeliz vítima da terrível e cruel parcialidade das forças do protagonista é, de facto, uma mentira, mas o espetador deve simpatizar com o vilão por um curto período de tempo, especialmente se, para destruir o herói, o vilão finge ser uma "ovelha perdida" arrependida e pronta a tomar o caminho da verdade. Sem que o antagonista passe pela fase arquetípica do "lobo em pele de cordeiro", em que a sua farsa é o último meio disponível para derrotar o protagonista, a imagem de Mortis em "Carrot" é muito simplificada, mesmo que a sua amargura e os seus modos imperiais tenham uma explicação (o seu amor foi rejeitado pela princesa, que o preferiu ao seu irmão gémeo). Mas a razão pela qual Mortis decide passar do mundo dos contos de fadas para o mundo real não é clara. A imagem de um vilão sedutor nos filmes estrangeiros baseia-se na mitologia do conquistador hipócrita. Mortis, por outro lado, é um arquétipo singular do génio do mal.

O último filme de aventuras para crianças e adolescentes lançado no ecrã bielorrusso foi The Incredible Displacement (2014). O filme conta a história da correção de Vanya Fedorov de uma violação do continuum espaço-tempo. Este filme não tem uma base explícita sob a forma de uma mitologia subjacente ao enredo.

Outro subgénero importante do cinema de aventura bielorrusso é o género da aventura heróica. O filme mais brilhante deste género na década de 1970 foi a série

televisiva Ruins Shoot at Point Blank Range (1970), 47
O filme conta a história das actividades heróicas da resistência antifascista de Minsk durante a ocupação nazi da capital bielorrussa. De certa forma, o filme encarna a mitologia do defensor da nação, mas como o enredo se baseia principalmente nas histórias reais dos combatentes clandestinos de Minsk, esta mitologia não é particularmente viva.

Se considerarmos o grupo de filmes de aventura na cinematografia bielorrussa da década seguinte, devemos mencionar a série histórica de aventuras heróicas "Fronteira do Estado". Ao longo da década, foram lançadas oito séries: "Somos nossos, somos novos..." (1980), "O verão Tranquilo do 21° Ano". (1980), "Fronteira Oriental" (1982), "Areia Vermelha" (1984), "Ano Quadragésimo Primeiro" (1986), "Para Além do Limiar da Vitória" (1987), "Vento Salgado" (1988), "Na Fronteira Distante" (1988).

No filme "Somos nossos, somos novos", a mitologia do filho pródigo é concretizada. Vladimir, o protagonista, passa por uma evolução que se enquadra no modelo cíclico da tetracotomia. Passa de oficial da guarda fronteiriça czarista (= órfão), de estrangeiro na nova Rússia soviética, pronto a partir para o estrangeiro e a deixar a sua pátria para sempre (= vagabundo), de prevenção de tumultos na fronteira de Dvinsk (= guerreiro), a patriota (= mártir) que rompe relações com a mãe para bem da pátria. O arquétipo central, não só em Somos Nossos, Somos Novos, mas também nos filmes subsequentes da série Fronteira do Estado, é a imagem da pátria.

O sexto filme da série, "Para além do limiar da vitória", é, pela primeira vez, uma história de detectives. Neste filme, a ação principal desenrola-se de acordo com os cânones do género thriller de espionagem.

O personagem principal, Andrei, enviado para o campo Banderite nos anos do pós-guerra, é o arquétipo do cavalo de Troia. A imagem de Christina, a noiva de Andrei, que chega à quinta do pai e se encontra à mercê dos banderitas, corresponde à imagem da Ucrânia soviética que, tal como Christina, se encontra à mercê dos bandidos. O conjunto das acções dos heróis corresponde à progressão dos arquétipos psicológicos como factores de motivação: "Persona" (Andrei, o guarda fronteiriço),

"Professor" (o professor) e "Bander" (o homem).

(um general), "Shadow" (Andrei disfarçado de Banderovite) e "Anima" (Christina). O enredo do filme corresponde inteiramente ao modelo cíclico da tetracotomia. O herói passa por todas as fases de desenvolvimento deste modelo. O filme baseia-se na mitologia modernizada do defensor da nação.

Modelo para os três últimos filmes do ciclo "Fronteira do Estado" - os protagonistas masculino e feminino são apresentados como um guarda fronteiriço e a sua amada com "reputação manchada". Assim, a amante de Andrei, Christina, é irmã da amante de um Banderovita; a mulher de Belov Sr. é filha de um criminoso nazi; a amante de Belov Jr. é a ex-mulher de um engenheiro recrutado pelos serviços secretos estrangeiros.

O filme mais brilhante do cinema bielorrusso pós-soviético é "In August '44", de M. Ptashuk. O enredo do filme baseia-se na busca do grupo do capitão Alekhine por sabotadores com o código "K.O." e não é claramente influenciado pela mitologia. A evolução do protagonista (Capitão Alekhine) corresponde geralmente à tetracotomia cíclica, com exceção da progressão do fator de motivação e dos motivos, geralmente caraterística dos filmes policiais. A progressão dos valores baseia-se na transformação do valor positivo inicial da verdade (no contexto da revelação da residência por detrás das duas frentes do Exército Vermelho). O valor limitativo da parcialidade/dúvida concretiza-se na incerteza de Alekhine quanto à composição do grupo subversivo. O valor negativo da ilusão concretiza-se numa pista falsa na busca do grupo marcado com "K.O." (Capitão Nikolaev e Tenente Sentsov). O valor marginal está ligado ao confronto com os superiores das tropas (actuando antes de uma grande operação das tropas na floresta de Shilovichi). A progressão das propriedades de controlo corresponde também à tetracotomia cíclica: a morte de Leshka Basos (carência/"órfão"), a investigação por um pequeno grupo (humildade/"vagabundo"), o desenvolvimento de uma pista falsa e o facto de o suspeito Pavlovsky se ter suicidado (desespero/"guerreiro"), a operação na floresta de Shilovichi e a ameaça de um tribunal (auto-sacrifício/"mártir").

O filme "Em agosto de 44", baseado na obra homónima de V. Bogomolov, não tem uma base mitológica óbvia, mas tem elementos do mito medieval de um cavaleiro que joga xadrez com a morte. A presença deste mito é bastante convencional e reflecte-se na atitude do herói em relação à investigação. Alekhine arrisca-se a ir a tribunal marcial (no caso do fracasso da operação Neman) ou a ser morto (no caso da detenção de um grupo de sabotadores), tal como o cavaleiro do mito que se arrisca a morrer ou a dar a morte a um ente querido.

O arquétipo principal do filme é o da floresta, um lugar sagrado e perigoso para o homem. As personagens do filme estão associadas aos arquétipos do cético (Blinov), do fiel escudeiro (Evgeny) e do trapaceiro do diabo (Alekhin). Apesar da correlação entre agosto de 44 e a tetracotomia cíclica, e do facto de os arquétipos e motivos mencionados no mito do cavaleiro (brincar com a morte) poderem ser encontrados no filme, não há uma influência óbvia dos mitologemas no enredo deste filme.

O cinema de aventuras heróicas bielorrusso pós-soviético tem relativamente pouco a ver com a mitologização. Os principais filmes deste período são You're on a Mission (2004), The Shield of the Fatherland (2007) e In June 1941 (2008).

O género de aventura também esteve presente no cinema de aventura bielorrusso. Um exemplo típico deste género é o filme "Time-Not-Waiting" (1975), que corresponde perfeitamente à tetracotomia cíclica, bem como ao arquétipo social do novo-rico em Klondike, na época da corrida ao ouro, na viragem dos séculos XIX e XX, e à mitologia do filho pródigo. Não há dúvida de que uma extrapolação tão abrangente do mitologema se baseia no material de origem, nomeadamente a obra de Jack London, que se caracterizou pela criação de imagens universais de heróis nos seus livros, construindo personagens baseadas na sua própria experiência de vida, que reflectiam muitos arquétipos culturais e mitológicos.

Em muitos aspectos, Time-Not-Waiting é muito semelhante a Sold Laughter, já referido. É bastante claro que o material literário estrangeiro reflecte as dominâncias culturais cristãs: Elam Harnish e Tim Thaler são personagens que disseminam a visão da riqueza material como a personificação do valor marginal, o que remete para a fonte primária deste tipo de história - o mito do "filho pródigo" [38, P. 107] - a base tradicional das histórias de maturação/renascimento o mito do "filho pródigo" [38, P. 107] - a base tradicional das histórias de maturação/renascimento. Elam, tal como o filho pródigo, deixa a sua terra natal em busca de riqueza, mas, tal como o filho pródigo, Harnish é obrigado a regressar ao ponto de partida, depois de ter perdido tudo. Tim Thaler é um "filho pródigo" um pouco mais complexo, pois a "casa abandonada" de Tim (o arquétipo do verdadeiro valor) é o seu sorriso e o seu riso, que também vende por riqueza material - o dom de ganhar todas as apostas. Tim, o "filho pródigo", não perde a sua riqueza material, mas perde-se a si próprio ao alienar aqueles que lhe são queridos, obrigando-o a reinventar-se e a encontrar formas de "trazer o filho pródigo para casa", enganando o antagonista infernal, transformando a sua desvantagem em vantagem.

Outros componentes importantes do grupo de géneros de aventura - os géneros de crime e de thriller no cinema bielorrusso do período em análise - são peculiares e curiosos. O filme policial mais vívido da década de 1970 - King Stakh's Wild Hunt (1979), realizado por V. Rubinchik - refere-se em parte à mitologia do selo de Caim (como uma maldição ancestral). No entanto, a peculiaridade do material de V. Korotkevich, que constrói o enredo da sua história como um típico thriller, em que todos os fenómenos místicos se revelam, à primeira vista, como a intenção insidiosa de Dubotovka de levar Nadezhda à loucura, nivelou este mitologema. É esta a caraterística dos thrillers policiais, quando a natureza sobrenatural original do acontecimento, que remete o espetador para os mitologemas (realizados em lendas e mitos místicos), é revelada como uma trama criminosa cuidadosamente planeada, que refuta a influência dos mitologemas originais. Korotkevich descreve esta atitude específica do género em relação ao preconceito místico com as palavras de Nadezhda: "As lendas são sujidade gerada pelas mentes dos selvagens".

A imagem da propriedade Bolotnye Yaliny, criada pelos autores da pintura, combinada com a música de E. Glebov, cria uma atmosfera de género noir, incorporando o arquétipo principal da pintura - o arquétipo do pântano. Na cultura tradicional da Bielorrússia, o pântano é a morada das forças infernais. É a casa dos principais representantes do panteão impuro do folclore bielorrusso: lutsypar, shaton e bognik. O pântano é também um símbolo de estagnação e decomposição.

O etnógrafo Beloretsky é o arquétipo do Messias. A vinda do Messias é precedida por uma profecia que, em A Caça Selvagem do Rei Stach, é a apresentação do Batlake. Se analisarmos a correlação entre o arquétipo do Messias e o protagonista do filme, podemos também constatar a seguinte coincidência: o Messias sacrifica-se para derrotar as forças do mal, o que acontece com Beloretsky, que é preso pela gendarmeria do czar por organizar uma revolta popular. O dia em que a história termina é também simbólico: 1 de janeiro de 1901, o primeiro dia do novo século XX, que marca a chegada de uma nova era.

É de salientar que o enredo deste thriller policial se baseia na mitologia europeia das maldições ancestrais das famílias nobres. Tradicionalmente, estes mitos baseiam-se na mitologia do selo de Caim ou na mitologia do destino (destino, destino inevitável). No entanto, como vimos acima, devido à natureza detetivesca do género, o mito na sua forma tradicional está a desfazer-se, tal como os mitologemas em que estes mitos se baseiam. O enredo está repleto dos arquétipos vivos do mártir, do louco, da vítima e do maldito.

"Black Castle Olshansky" (1984, realizado por M. Ptashuk) é outro exemplo do género policial, ligando as realidades de diferentes períodos históricos. Tal como na maioria das histórias de caçadores de tesouros, o filme apresenta vestígios da presença do mitologema do conhecimento secreto: a chave do mistério é o Evangelho de 1534, o antagonista que guarda o segredo trai a sua existência ao matar Maryan, Cosmich encontra escondido na coluna vertebral de 52

Consegue investigar o mistério graças à jovem arqueóloga Stanislava Rechits. O Castelo Negro de Olshansky" está muito próximo da mitologia acima referida, mas, devido aos cânones do género policial, esta mitologia é muito transformada.

O Castelo Negro de Olshansky baseia-se no arquétipo do castigo inevitável, presente tanto na história principal do detetive como nos flashes retrospectivos da consciência de Anton Kosmic (em que ele se vê como Valiuzhinich - o líder de uma revolta popular). O quadro corresponde quase inteiramente à tetracotomia cíclica, com exceção do estímulo, que contém as quatro fases descritas, mas numa ordem diferente (as sequências "persona, velho sábio, anima, sombra" em vez das sequências "persona, velho sábio, sombra, anima").

A progressão dos valores passa por quatro etapas de desenvolvimento: a verdade (positiva), a indiferença (limitativa), a ilusão (negativa) e a negação da presença da verdade (marginal). A mudança das propriedades regentes corresponde também à tetracotomia cíclica: dano (perda de um amigo), humildade (reconhecimento da existência de um segredo tricentenário), desespero (procura ativa do tesouro) e auto-sacrifício (arriscar a própria vida para revelar a verdadeira identidade do médico).

O exemplo seguinte de um filme policial é a minissérie "Vestígios dos Apóstolos", de 2013, que parece uma nova interpretação de "O Castelo Negro de Olshansky". A história é construída no âmbito da polissemia: estão presentes duas linhas independentes, cada uma com as suas próprias características de género e lógica narrativa. O enredo moderno de Alevtina (uma estagiária que chegou a Niasvizh para exercer a sua profissão no Departamento de Investigação) é construído de acordo com os cânones do género clássico de detetive inglês: um detetive atípico (Alevtina), um assistente desonesto (Grigory), um polícia aborrecido (Viktor), um vilão pouco óbvio (Bronevitsky). O enredo decorre em 1942 (a expedição a Nesvizh do espião soviético Henry, que se esconde sob o disfarce de 53 anos de idade).
Este livro é um exemplo de um detetive espião no espírito das obras de Bogomil Raynov.

Apesar do ecletismo de "Vestígios dos Apóstolos", é possível encontrar no filme uma mitologia transformada do conhecimento secreto: o motivo do crime para Alevtina, o laboratório secreto para Heinrich e as esculturas dos apóstolos para Wagner. Gostaríamos de prestar especial atenção à personagem do Professor Otto Wagner. Wagner, que está por detrás da expedição, é apresentado como um típico ocultista, cuja principal tarefa é reunir treze pedaços de um meteorito, divididos por Gengis Khan, para dominar o mundo, reflectindo o mitologema de um conquistador hipócrita. Wagner é um típico "vilão charmoso" multidimensional, o que torna a sua personagem interessante para o espetador e, juntamente com a interpretação de Igor

Sigov, uma das imagens mais fortes do filme. No entanto, vale a pena notar que, como convém a um detetive espião, Wagner não é o verdadeiro antagonista, mas sim o agente dos serviços secretos soviéticos Vogel, que foi recrutado pela contraespionagem alemã, ou seja, um traidor do seu próprio lado.

Quando se trata do género de aventura no cinema bielorrusso, não podemos deixar de mencionar os filmes de ação nacionais. Os representantes mais proeminentes deste género são The Nuclear Zone Ranger (1999), bem como Sniper: Weapon of Vengeance (2001) e Lethal Combat (2010), que interagem ativamente com os géneros thriller de espionagem e detetive.

Para além de pertencer ao género de filmes de ação, "Ranger from the Atomic Zone" é um exemplo típico do género western. A única diferença em relação ao western clássico é que a ação de "Ranger" decorre na era dos "arrojados anos noventa". A zona de exclusão corresponde ideologicamente ao Oeste Selvagem, com a sua moral arrojada e anarquia.
("Um estado dentro de um estado", como diz um pescador que vive na zona).
contaminação por radiação). O Capitão de Segunda Classe Alexey Barsuk é o epítome do arquétipo do cowboy. É também de referir que o "cowboy" 54
Badger tem um cavalo de confiança (um veículo todo-o-terreno cinzento LuAZ 969M) e um revólver (uma espingarda de grande calibre) para intimidar os seus inimigos. O antagonista Vitalik é também um típico bandido do Oeste ("cowboy mau"). A jovem Vika encarna a imagem da bela amiga de um bandido do Oeste (a rapariga sofre de uma relação com o bandido e sente-se atraída pelo cowboy). Tudo isto nos permite considerar "The Ranger from the Atomic Zone" como uma encarnação do mito norte-americano do cowboy nobre que regressa a uma cidade provinciana do Oeste Selvagem que sofre com a arbitrariedade dos bandidos.

A propriedade de controlo e o arquétipo psicológico de Badger correspondem à tetracotomia cíclica: um oficial da marinha reduzido (inferioridade/"órfão"), um silvicultor que se adapta às realidades da zona de alienação (humildade/"vagabundo"), um guardião da ordem que luta contra os delinquentes (desespero/"guerreiro"), um liquidatário de um grupo criminoso que salva a sua amada (auto-sacrifício/"mártir").

A progressão das motivações também se desenvolve de acordo com o modelo enunciado: receber (começar uma nova vida após o divórcio), evitar (não enfrentar os delinquentes), controlar (dominar os delinquentes),

No início, é passivo, depois pouco ativo, depois ativo, depois ativo e, no final da história, é hiperativo. No início, é passivo, depois inativo, depois ativo e, no final da história, hiperativo. A auto-consciência e a força motriz do herói também passam por quatro fases de desenvolvimento: inocência/naividade (ignorância do que está a acontecer na zona de exclusão), rebelião/protesto (protesto contra o comportamento arbitrário dos bandidos), auto-consciência comum/objetivo externo (compreensão do seu papel e destruição da rede criminosa de Vitalik), auto-consciência criativa/objetivo superior (compreensão de que só o próprio herói pode destruir o antagonista e salvar Vicky dos bandidos). A tetracotomia cíclica corresponde à orientação e ao fator de motivação do herói: a sua própria personalidade (um militar reformado e divorciado), a sua compreensão da situação/"velho sábio" (o seu pai de 55 anos) e o "velho sábio" (o seu pai).

impedir que ele antagonize os bandidos), a destruição do antagonista/"sombra" (Vitalik), o bem dos entes queridos/"anima" (salvar Vicky).

A progressão dos valores e a mudança de identidade afastam-se do modelo da tetracotomia cíclica. A progressão dos valores divide-se entre o valor permanente da justiça, que está no centro da história, e o valor contextual de uma "nova vida" pacífica. O valor contextual do desenvolvimento do protagonista passa por quatro fases características: positiva, limitativa, negativa e marginal. No entanto, dado que o valor principal da história se mantém permanente, pode argumentar-se que a progressão dos valores no quadro se afasta do modelo cíclico da tetracotomia. O mesmo se aplica à identidade de Badger. A identidade do protagonista é construída de acordo com a progressão "autonomia vs. dúvida, diligência vs. inferioridade, iniciativa vs. culpa" em vez da progressão "confiança/desconfiança, autonomia/dúvida",

iniciativa/culpa, diligência/inferioridade".

Do ponto de vista dos fundamentos mitológicos do enredo de "O Guarda da

Zona Atómica", é possível identificar os motivos do mitologema do guardião do mundo dos mortos, cuja tarefa é proteger os dois mundos da interação (o guardião não deve permitir que os vivos entrem no mundo dos mortos e deve proteger o mundo dos vivos dos perigosos habitantes do mundo dos mortos). No entanto, apesar da correlação ideológica do capitão de segunda classe com o mitologismo do guardião do submundo, este mitologismo não é estruturante para o filme em questão, devido ao predomínio do elemento agudo do enredo e da mitologia do western.

O cinema estrangeiro do género aventura é inconcebível sem filmes de terror. O único exemplo de um filme de terror no cinema nacional é "Masakra" (2010), de A. Kudinenko, baseado no conto "Lokis" de Prosper Merimee. No contexto desta história, podemos considerar o mito do lobisomem. O urso de guerra é uma imagem muito difundida nas culturas germânica, escandinava, fino-úgrica e celta, bem como noutras culturas nacionais que com elas interagiram. O arquétipo do urso, que é a chave deste mito, provém de um dos animais fetiche da cultura indo-europeia, transformado na cultura escandinava num agressivo berserker (berserk). Na cultura doméstica, o urso metamorfo é muitas vezes uma pessoa (ou o descendente de tal pessoa) castigada por crueldade ou actos maléficos, o que nos permite ler o enredo desta pintura como uma interpretação do mito de uma maldição ancestral. É difícil traçar um mitologema específico nesta situação, uma vez que a mitologia das maldições ancestrais surgiu como um preconceito de classe (explicando o fechamento da nobreza aos casamentos com plebeus), o que explica a disparidade dos enredos de base destas obras.

O protagonista de "Masakra" - o aventureiro Nikolai Kazantsev, que se faz passar por cientista para realizar o seu sonho de estudar arte em Itália - corresponde, em muitos aspectos, à tetracotomia cíclica. Os factores incitantes passam por quatro fases de desenvolvimento: a "persona" (Nikolai sonhando com a Itália), o "velho sábio" (Padre Paul instruindo Nikolai), a "sombra" (Conde Vladimir Pazurkevich "roubando" a amada de Nikolai), a "anima" (Anna). As propriedades de controlo e os arquétipos psicológicos correspondem igualmente ao modelo de organização do herói em questão: o estudante expulso
(imperfeito/"órfão"), catalogando a biblioteca do Conde "privy docent"

(humilde/"vagabundo"), preparando-se para fugir apaixonado (desespero/"guerreiro"), salvador de Ana que arrisca a sua vida (auto-sacrifício/"mártir"). A motivação, a consciência de si, a força motriz, a identidade e a direção do herói evoluem também de acordo com a tetracotomia cíclica. A divergência resume-se à progressão dos valores. Em "Masakra", os valores mudam quatro vezes, mas não formam uma progressão. A tabela de valores em "Masakra" é a seguinte: valor positivo do amor, valor positivo da realização dos sonhos pessoais, valor positivo do amor, valor negativo do abandono dos sonhos pessoais.

Devemos também mencionar vários filmes do cinema independente bielorrusso dos últimos anos, que pertencem ao género de filmes de aventura: "Half-Life" e "Skhvatka".

O enredo do filme "Skhvatka", realizado por I. Maslyukov (2014), baseia-se na rivalidade entre duas equipas ("Veschiye Olg" e "Maximus") de um popular jogo noturno de busca urbana na primeira década do século XXI. A líder de "Veshchykh Olg" está apaixonada pelo líder de "Maximusov", mas devido à sua natureza maléfica e megalomania, coloca os membros de ambas as equipas em risco mortal, pois o seu principal e único objetivo é ganhar o "Scramble" a todo o custo. "Scramble" é uma tira extremamente controversa e contraditória, cujo enredo e motivações das personagens só podem ser compreendidos por um ávido jogador deste jogo de investigação. O próprio enredo baseia-se unicamente no valor de ganhar o jogo, o que afecta até a linha melodramática paralela com Natasha (Natasha é uma "Olga profética" lazutnik). As personagens assemelham-se a elencos simplificados da moderna "juventude dourada" bielorrussa e suscitam mais irritação do que empatia. É possível encontrar alguns traços mitológicos da imagem da eterna rivalidade, o que, tendo em conta o trabalho extremamente fraco do argumentista, é muito provavelmente uma coincidência.

A curta-metragem de dezasseis minutos Half-Life (2011, coprodução entre os EUA e a Bielorrússia), da realizadora Darya Zhuk, anunciada como um drama de aventura, é uma curiosa desventura. De facto, é um drama doméstico vulgar. O argumento de Michael Pitch e Justin Lieberman reflecte a total ignorância da

Bielorrússia. De um modo geral, porém, o interesse demonstrado pelos cineastas americanos de origem bielorussa dá-nos esperança no desenvolvimento da cooperação criativa na produção cinematográfica bielorussa, bem como na criação de filmes de aventura por direito próprio.

Para resumir a análise da influência dos mitologemas, mitos e arquétipos no género da aventura no cinema bielorrusso, importa referir o seguinte:

1. O cinema de aventura bielorrusso é influenciado pela mitologia, mitos e arquétipos, principalmente em filmes de aventura e filmes infantis.

2. Os arquétipos universais encontrados nos filmes de aventura bielorrussos são bastante variados; os principais arquétipos que representam os símbolos-chave na série semântica de imagens são os arquétipos nacionais da pátria, da terra, da floresta e do pântano.

3. A tetracotomia cíclica é utilizada em praticamente todos os filmes bielorrussos analisados do período soviético, com exceção de "Impressões de verão do Planeta Z" e dos filmes policiais.

4. Os enredos dos filmes analisados tendem a utilizar as mitologias do conhecimento secreto, do filho pródigo e do protetor da nação.

CONCLUSÃO

A chave para a estrutura das obras de arte tem sido tradicionalmente a imagem do herói, que não é apenas o principal meio de concretizar a intenção do autor, realizador e argumentista, mas também um "espelho" da vida do público e da sua visão do mundo. A procura de imagens de heróis está sempre ligada à procura da forma mais compreensível para o espetador de refletir a vida social, política, cultural e espiritual da sociedade moderna, resultando na criação de heróis e acontecimentos com uma semântica clara e distinta baseada nos arquétipos e na experiência mitológica da sociedade.

A questão da influência dos mitos e dos arquétipos no cinema é bastante popular, tendo sido dedicados numerosos estudos que abordam o problema do ponto de vista dos diferentes níveis de influência no enredo dos filmes. O problema da mitologia, que está intimamente relacionado com o dos arquétipos e dos mitos, foi objeto de muito menos atenção.

O mitologema é uma categoria que designa uma certa fabula básica, uma sequência de arquétipos que determina a direção do desenvolvimento do enredo. No contexto do cinema, os mitologemas ecoam o significado e a compreensão da filologia, da antropologia e da filosofia como uma estrutura composicional primordial. A integração de mitologemas raramente é consciente, com exceção dos exemplos mais famosos de Hollywood do género aventura (cineastas como George Lucas, Steven Spielberg, Jerry Bruckheimer, Luc Besson e outros basearam conscientemente os seus filmes em mitologemas). A utilização inconsciente dos mitologemas baseia-se em grande medida na tradução que o argumentista faz da sua experiência cultural e social, bem como na utilização que o argumentista faz da sua "bagagem" intelectual. A base para a integração dos mitologemas no filme é a tetracotomia cíclica (mudanças nos estados, na identidade e na visão do mundo do herói).

A influência dos mitologemas no cinema verifica-se sobretudo no cinema comercial, o que nos permite colocar a hipótese de que uma das razões pelas quais os mitologemas estão tão presentes no cinema é o facto de nem sempre serem bem representados.

Os filmes de sucesso comercial são mitologemas que apelam à experiência cultural do espetador. Os filmes de maior sucesso comercial são os do género aventura, o que indica que são mais compreensíveis para o público e dá razão para considerar este grupo de géneros como o mais suscetível de ser influenciado por mitologemas. De facto, a influência dos mitologemas nos filmes de aventura é muito significativa, particularmente nos filmes americanos e da Europa Ocidental. Os filmes de aventura bielorrussos estão geralmente em conformidade com as tendências europeias de integração de mitos no enredo. Além disso, no cinema bielorrusso, os mitos são interpretados de acordo com as especificidades da cultura nacional. Assim, nos filmes de aventura bielorrussos do período soviético, três mitos principais influenciam o enredo da própria obra: o conhecimento secreto, o filho pródigo e o protetor da nação.

As propostas a favor desta tese são apoiadas da seguinte forma:

1. Os mitologemas, os mitos e os arquétipos tiveram uma influência significativa no género dos filmes de aventura.

O cinema de aventura, o género mais procurado pelo público em todo o mundo, sempre se caracterizou pela forte influência de motivos mitológicos, arquétipos e mitologias nos seus enredos.

Os mitos comuns ao género de filmes de aventura são bastante numerosos. Quando estes mitos interagem com o cinema, são muitas vezes fortemente modificados (as fábulas básicas originais dos mitos - os seus mitologemas - são alterados).

Os mitologemas, em relação à história que está a ser contada, são como a harmonia musical. A maioria das pessoas associa uma determinada composição musical a uma melodia, mas a base de uma composição musical é a sua harmonia. Do mesmo modo, os mitologemas são as "harmonias" do desenvolvimento da história. Tal como na música, onde a harmonia é a sequência de acordes, o mitologema é a sequência de arquétipos. Mais uma vez, como no mesmo 61
Muitas melodias diferentes podem ser escritas para a mesma harmonia musical, e muitas histórias independentes podem ser construídas a partir da mesma mitologia.

Os filmes de aventura são a encarnação do sonho do espetador médio de uma experiência aventureira que envolve risco e perigo. Para satisfazer este sonho, os mitologemas estão presentes nestes filmes, pois são a experiência acumulada de gerações de fábulas básicas, que o espetador espera ver encarnadas no ecrã. O mesmo se aplica aos arquétipos, que são os tipos básicos de personagens, heróis e situações.

2. O cinema de aventura bielorrusso está em sintonia com as tendências mundiais, utilizando as mesmas sequências arquetípicas que os filmes estrangeiros do mesmo género.

Com base na análise efectuada nesta tese, pode afirmar-se que os filmes de aventura do cinema bielorrusso e estrangeiro são influenciados da mesma forma pelas mitologias. No cinema nacional, os enredos baseiam-se nas mitologias do conhecimento secreto (enredos de caça ao tesouro), do filho pródigo (enredos de amadurecimento/reeducação) e do protetor da nação (enredos de luta contra as forças do mal universal), que são familiares ao cinema estrangeiro. As mitologias dos irmãos apaixonados pela mesma mulher (triângulo amoroso), do conquistador hipócrita (vilão principal) e do apocalipse (destino do mundo em caso de vitória do mal universal) são incorporadas nas linhas secundárias.

3. A tetractomia cíclica é efectuada em quatro partes

A organização psicológica da imagem do herói é o principal mecanismo de análise da presença de mitologemas no cinema.

Este modelo mitológico de quatro fases descreve as atitudes de valor, a propriedade de controlo, o arquétipo psicológico, o motivo, a consciência de si, a força motriz, a identidade, a orientação, o fator de motivação e o tipo de caraterização da atividade do herói no decurso do seu desenvolvimento progressivo, que inclui quatro fases obrigatórias para cada critério. Esta mudança nos arquétipos psicológicos do herói (cada categoria é um arquétipo da psique ou da perceção) está amplamente representada nas obras do cinema comercial ocidental. A tetracotomia cíclica também está presente nos filmes nacionais, embora em alguns filmes bielorrussos este modelo não seja totalmente revelado ou esteja completamente ausente. Partindo da ideia de que os heróis dos filmes comerciais são os mais compreensíveis para o seu vasto público-alvo, e observando que a tetracotomia cíclica é principalmente caraterística dos filmes comerciais baseados em mitologemas, podemos colocar a hipótese de que este modelo multicomponente de quatro mudanças sucessivas nos estados do herói é a chave para a perceção do espetador, uma vez que este espera obviamente exatamente este tipo de evolução do herói.

Resumindo a investigação levada a cabo no âmbito desta tese de mestrado, é possível constatar a concretização das tarefas definidas:

1. São identificadas as principais mitologias, arquétipos e mitos que influenciam a composição dos guiões de filmes de aventura.

2. O segundo e terceiro capítulos desta tese de mestrado exploram os modelos de mitologemas como fabulae básica do cinema de aventura.

3. A influência dos mitos nos filmes de aventura tem sido estudada. A influência dos mitos europeus antigos e medievais é a mais notável. Foi estudada a influência dos arquétipos no grupo de filmes de aventura. As personagens dos filmes ilustram os seguintes arquétipos: "Os nossos conhecidos", "Os forasteiros", "As almas perdidas" e "Os ídolos". Os arquétipos, enquanto tipos de situação ou tipos de reação do herói a uma situação, manifestam-se mais frequentemente sob a forma de motivos como a negociação com o diabo, a negociação com a consciência, o sacrifício para a salvação, enganar o diabo, etc.

4. São caracterizados os mecanismos de influência das mitologias no cinema de aventura, na medida em que a sua própria experiência espiritual, cultural, social e intelectual é transmitida pelos realizadores.

5. As características específicas dos mitologemas utilizados no cinema de aventura bielorrusso são reveladas: a tendência para modificar os mitologemas (substituindo certos elementos do enredo de base pelas suas próprias interpretações), bem como a utilização de um pequeno número de mitologemas originais (o conhecimento secreto, o filho pródigo e o protetor da nação) são destacados.

Os resultados desta tese de mestrado são susceptíveis de serem utilizados em programas de formação de argumentistas e como metodologia para a escrita de argumentos no cinema de aventura de género.

LISTA DAS FONTES UTILIZADAS

1. Adler, A. Ciência do carácter. Compreender a natureza do homem / A. Adler. - Moscovo : Projeto académico, 2014. - 243 c.

2. Aristóteles. Poética. Retórica (m) / Aristóteles. - M.: Azbuka: Azbuka Klassika. Não ficção, 2014. - 320 c.

3. Artemyeva, O. Quando os heróis passam para a eternidade / O. Artemyeva [Modo de acesso : http://www.kinozapiski.rU/ru/article/sendvalues/3/Дата consultado : 22.02.2015

4. Batueva, A. A. Mitologema do bem e do mal nas línguas indo-europeias : resumo da dissertação do autor para o grau de Candidato a Ciências Filológicas : 10.02.20 / A. A. Batueva ; Universidade Militar do Ministério da Defesa da Federação Russa. - M. , 2008. - 20 c.

5. Bergen, R. Cinema: um guia dos géneros / R. Bergen. - M.: Kladez-Books, 2011. - 159 c.

6. Vdovushkina, N. S., As bases arquetípicas da cultura da viragem do século XXXXI. As bases arquetípicas da cultura na viragem do século XXXXI : resumo da tese para o candidato em estudos culturais : 24.00.01 / N. S. Vdovushkina ; Universidade Estatal de Saratov N. G. Chernyshevsky. - Saratov, 2012. - 22 c.

7. Vodenko, M. O. Interação do herói e do espaço no drama cinematográfico moderno: resumo da tese do candidato em história da arte: 17.00.03 / V. M. Olegovna; Instituto Estatal de Cinematografia de toda a Rússia com o nome de S. A. Gerasimov. S. A. Gerasimov. - M. , 2000. - 30 c.

8. Goran, V. P., Ancient Greek mythologem of fate / Ed. by V. N. Karpovich ; Academia de Ciências da URSS, Secção Siberiana, Instituto de História, Filologia e Filosofia. V. N. Karpovich ; Academia de Ciências da URSS, Secção Siberiana, Instituto de História, Filologia e Filosofia. - Novosibirsk: Nauka. Ramo Siberiano, 1990. - 330, c.

9. Gornitskaya, L. I. O mitologema das ilhas na literatura russa: génese, estrutura,

semântica: resumo do autor da tese de doutoramento em ciências filológicas: 10.01.01 / L. I. Gornitskaya ; Universidade Federal do Sul. - Volgograd, 2012. - 18 c.

10. Guluk, L. A. Mitologema da feminilidade na cultura da Idade da Prata : resumo da tese do autor para a obtenção do grau de Candidato a Filósofo : 24.00.01 / L. A. Guluk ; Universidade Estatal de Belgorod. - Belgorod, 2007. - 19 c.

11. Danilin, A. "Brilliantovaya Rukha", "Kurochka Pryaba" e o sonho russo. Reflexões livres de um psiquiatra sobre um filme favorito. [Modo de acesso : http://www.kinozapiski.ru/ru/article/sendvalues/1025/Дата acesso : 01.03.2015

12. Deleuze, J. Cinéma / J. Deleuze. - M.: Ad Marginem, 2004. - 624 c.

13. Géneros cinematográficos : coleção de artigos científicos / Instituto de Investigação da Teoria e História do Cinema ; ed. por V.I.Fomin. - Moscovo: Arte, 1979. - 319 c.

14. Zaitseva, L. Todos os filmes bielorrussos. T. 2: Cinema de jogo (1971-1983): guia-catálogo: guia-catálogo. Cinema de jogo, 1971-1983 /И. Avdeev, L. Zaitseva; editor científico A. Krasinski. - Minsk: Bel. nauvuka, 2000. - 298 c.

15. Izvorska-Elizarieva, M. N. Mito. Música. Mozart. "Flauta Mágica" - mitologia cosmogónica: escrito por M. N. Izvorska-Elizarieva; Academia Nacional de Ciências da Bielorrússia, Instituto de Filosofia e Direito. - Minsk, 1999. - 33 c.

16. Indyk, W. Psicologia para argumentistas : construir um conflito numa história / W. Indyk. - Moscovo: Alpina Non-Fiction, 2014. - 348 c.

17. Karchevskaya, K. S. Arquétipos na cinematografia : análise culturológica : dissertação autoref. para o grau de Candidato de Estudos Culturais : 24.00.01 / K. S. Karchevskaya ; Universidade Estatal de São Petersburgo. - São Petersburgo. , 2010. - 25 c.

18. Campbell, J. O herói de mil faces: mito. Arquétipo. Inconsciente / J. Campbell. - K. : Sofia, 1997. - 335 c.

19. Lindgren, E. A arte do filme: uma introdução aos estudos cinematográficos / E. Lindgren. - M. : Izd. foreign lit., 1956. - 192 c.

20. Lunacharsky, A. V. Thirty-six dramatic intrigues / A. V. Lunacharsky // On

theatre and dramaturgy / A. V. Lunacharsky. - Moscovo: Arte, 1958. - VOL. II, PP. 113-117.

21. McKee, R. A história de um milhão de dólares / R. McKee. - M. : Alpina non-fiction, 2012. - 464 c.

22. Mitta, A. O cinema entre o enfermo e o paraíso: o cinema de Eisenstein, Tchekhov, Shakespeare, Kurosawa, Fellini, Hitchcock, Tarkovsky.... / A. Mitta. - Moscovo: Zebra E, 2005. - 480c.

23. Mitologia da mulher-juíza nos antigos celtas e germanos : coleção de artigos / editado por T.A.Mikhailova. - Moscovo: Indrik, 2005. - 334 c.

24. Os géneros "irrelevantes". "Mesa redonda" no Instituto Russo de História da Arte, São Petersburgo, abril de 2004 / Angelika Artyukh // Film Studies Notes - 2004. - № 69. - C. 150 - 174.

25. Proskurov, D. Blockbuster: arquétipos e actos / D. Proskurov [Recurso eletrónico]. - Modo de acesso : http://dmitryprosukov.blogspot.com/2009/02/blog-post.html Data de acesso : 22.12.2014.

26. Reisen, O. K. Os sujeitos errantes no cinema / O. Reisen. - Moscovo: Izd. firm "Materik", 2002. - 168 c.

27. Rossio, T. 20 erros que um argumentista experiente não comete/. T. Rossio [Recurso eletrónico]. - Modo de acesso : http://www.cinemotionlab.com/stati/20_oshibok,_kotorih_ne_sovershit_opitnii_scena rist/ Data de acesso: 28.11.2014

28. Rutsky, E. A. Mythologie de la force impure dans la culture traditionnelle des Biélorusses / Eugene Rutsky // Authentic folklore : problems of vyvuchannya, zahavannya, peraimannya / J. Rutsk - Minsk : NBB - P. 78-80. 78-80.

29. Salynsky, D. Esboços sobre o problema dos géneros no cinema / Dmitry Salynsky // Kinologicheskie zapiski - 2004. - № 69. - C. 175-203.

30. Salynsky, D. Composition memoir: the seven seconds and all the rest / The seven seconds and all the rest / The seven seconds and all the rest / The seven seconds and all

the rest / The seven seconds and all the rest / The seven seconds and all the rest / The seven seconds and all the rest.

Д. Salynsky [Recurso eletrónico] - Modo de acesso: http://www.kinozapiski.ru/ru/article/sendvalues/878/Дата acesso : 01.03.2015

31. Samutina, N. O cinema de autor intelectual como uma ideia europeia / N. Samutina [Recurso eletrónico] - Modo de acesso : http://www.kinozapiski.ru/ru/article/sendvalues/194/Дата acesso : 11.04.2015.

32. Domínio do Argumento: Dramaturgia de Cinema e TV como Arte, Ofício e Negócio: Ref.livro de R.Walter / Instituto de Formação Avançada de Trabalhadores de Televisão e Radiodifusão. - M. , 1993. - 63 c.

33. Tkachenko, I. Mulheres que vieram do frio. Seriados escandinavos / I. Tkachenko [Recurso eletrónico].- Modo de acesso: http://www.kinoart.ru/archive/2014/05/zhenshchiny-kotorye-prishli-s-кholodaДата acesso : 18.12.2014.

34. Turkina, V. G. Mitologema do herói e consciência de massa : Resumo do autor da tese para o grau de Candidato de Filosofia : 09.00.11 / V. G. Turkina ; Universidade Estatal de Saratov com o nome de N.G. Chernyshevsky. N.G.Chernyshevsky. - Saratov, 2001. - 22 c.

35. Usmanova, O. S. A obra de arte cinematográfica como espaço de diálogo intercultural : resumo do ensaio para o grau de candidato em ciências filosóficas : especialidade 24.00.01 Teoria e história da cultura / O. S. Usmanova ; Universidade Estatal de Cultura e Artes de Kazan. - Kazan, 2012. - 20 c.

36. Freilich, S.I. Teoria do cinema : de Eisenstein a Tarkovsky : um manual para universidades / S.I. Freilich. - Moscovo: Projeto Académico: Mir, 2007. - 508 c.

37. Fraser, J. J. Fraser, O folclore no Antigo Testamento / J. J. Fraser. - Moscovo: Editora de literatura política, 1989. - 542 c.

38. Hall, J. Dicionário de enredos e símbolos na arte / J. Hall. - M. : KRON-PRESS, 1996. - 656 c.

39. Khrenov, N. O cinema como reabilitação da realidade arquetípica / The cinema as

a rehabilitation of archetypal reality / O cinema como reabilitação da realidade arquetípica / The cinema as a rehabilitation of archetypal reality / O cinema como reabilitação da realidade arquetípica

H. Khrenov [Recurso eletrónico]. - Modo de acesso : http://www.kinozapiski.ru/ru/article/sendvalues/1000/Дата acesso: 21.02.2015.

40. Khrenov, N. A cinematografia doméstica: a reabilitação dos arquétipos Realidade / N. Khrenov [Recurso eletrónico]. - Modo de acesso : http://www.kinozapiski.ru/ru/article/sendvalues/741/Дата acesso: 01.03.2015.

41. Erikson, E. A tragédia da personalidade / Erik Erikson. - M. : EXMO, 2008. - 256 c.

42. Sharapova, M. A. Bases arquetípicas da imagem do herói na dramaturgia do cinema russo (em material fílmico dos anos 1986-2012): resumo do autor da tese para o grau de candidato em História da Arte: 17.00.03 / M. A. Sharapova ; Universidade Estatal de Cinematografia de toda a Rússia com o nome de S. A. Gerasimov. S. A. Gerasimov. - Moscovo, 2013. - 28 c.

43. Jung, K.G. Alma e mito Seis arquétipos / Carl Gustav Jung. - K. Biblioteca Estatal da Ucrânia para Jovens, 1996. - 384 c.

44. Jung, K.G. Sobre os arquétipos do inconsciente coletivo / K.G. Jung - M. : Centro, 1997. - 243 c.

45. Yampolsky, M. B. The Visible World: Essays on Early Film Phenomenology / M. Boris. - Moscovo: Instituto de Investigação da Arte Cinematográfica, 1993. - 216 c.

46. All-time box-office top 100 films [Recurso eletrônico].- Modo de acesso: http://www.filmsite.org/boxoffice.html - Data de acesso: 20.04.2015.

47. All Time Highest Grossing Movies Worldwide [Recurso eletrônico] - Modo de acesso: http://www.the-numbers.com/movie/records/All-Time-Worldwide-Box- Office - Data de acesso: 20.04.2015.

48. As personagens como dispositivo [Recurso eletrónico]. - Modo de acesso : http://tvtropes.org/pmwiki/pmwiki.php/Main/CharactersAsDevice - Data de acesso: 11.04.2015.

49. Corbett, D. Lifting the mask: types, archetypes and the casual human being/ David Corbett// Moviemaker. - 2014. - Edição 105, Vol. 20. - P. 22-24.

50. Gallagher, M. Action figures : men, action films, and contemporary adventure narratives / Mark Gallagher. - NY. : Palgrave Macmillan, 2007. - 234 p.

51. Grant, B.K. Film Genre : From Iconography to Ideology / Barry Keith Grant ; NY. Wallflower Press, 2007. - 131 p.

52. Hill, G. Illuminating shadows : the mythic power of film / G. Hill. Hill. - Boston : Shambhala, 1992. - 319 p.

53. Hollis, J. Mythologems : Incarnations of the Invisible World / James Hollis. - Toronto: Inner City Books, 2004. - 158 p.

54. Iaccino, J. F. Reflexões Junguianas no Cinema: Uma Análise Psicológica dos Arquétipos da Ficção Científica e da Fantasia / J. F. Reflexões Junguianas no Cinema: Uma Análise Psicológica dos Arquétipos da Ficção Científica e da Fantasia. F. Iaccino. - Santa Barbara: Greenwood Publishing Group, 1998. - 216 p.

55. Iaccino, J. F. Reflexões Psicológicas sobre o Terror Cinematográfico: Arquétipos Junguianos em Filmes de Terror / J. F. Iaccino. F. Iaccino. - Westport: Praeger, 1994. - 232 p.

56. Langford, B. Film Genre : Hollywood and Beyond / Barry Langford. - Edimburgo: Edinburgh University Press, 2005. - 310 p.

57. Peary, G. O romance americano moderno e o cinema / G. Peary. Peary. - Nova Iorque, 1978. - 461 p.

58. Shadid, B. O kit de ferramentas do argumentista / Basil Shadid // Moviemaker. - 2014. - Edição 105, Vol. 20. - P. 16 - 20.

59. Sklar, R. Movie-made America : A cultural history of American movies / R. Sklar. Sklar. - NY. Vintage Books, 1994.

60. Sparling, C. Buried comes alive : um local é tudo o que é preciso para criar uma história comovente / Chris Sparling // Moviemaker. - 2011. - Edição 89, Volume 17. - P. 64 - 67.

61. Streett, B. A Astrologia do Cinema : A Interface dos Filmes, do Mito e do

Arquétipo / B. Streett, J. Kishner. Streett, J. Kishner. - Bloomington : iUniverse, 2004. - 218 p.

62. Tasker, Y. O filme de ação e aventura de Hollywood / Y. Tasker. - Hoboken : John Wiley & Sons, 2015. - 224 p.

63. Truby J., Sell that script / John Truby// Moviemaker. - 2011. - Edição 89, Vol. 17 - P. 28 - 30.

64. Worldwide grosses [Recurso eletrónico].- Modo de acesso: http://www.boxofficemojo.com/alltime/world/ - Data de acesso: 28.04.2015.

APÊNDICE A
Dicionário de terminologia

Arquétipo (grego, "primeira imagem", "original", "obra autêntica") - imagem primária, forma antiga, protótipo; um modo de relacionar imagens que passam de geração em geração, escondidas no inconsciente coletivo comum a toda a humanidade; um conjunto de formas inatas e universais da imaginação humana [Dicionário de Palavras Estrangeiras na Língua Russa] ; na crítica literária, uma imagem original, carácter ou estrutura de circunstância recorrente na literatura, sugerindo um conceito universal bastante coerente do desenvolvimento da imaginação humana [Dicionário de Palavras Estrangeiras na Língua Russa]. [Encyclopaedia Britannica].

Cânone **de género** (do grego "canon" - "norma") - sistema de regras e normas internas de criação que estabelecem as regularidades estruturais e composicionais básicas para o desenvolvimento de obras em géneros específicos [Merriam-Webster/Britannica Thesaurus].

Convenção de género - a tradução aceite de narrativa de género - é um sinónimo terminológico para o conceito de cânone de género nos estudos de cinema estrangeiro e na produção cinematográfica,

Mito (do grego "lenda", "conto", "história") - antigo conto popular sobre deuses e heróis deificados, sobre a origem do universo e da vida na Terra [Dicionário de palavras estrangeiras na língua russa]; lenda sobre antigos deuses e heróis pagãos sob a forma de relatos individuais das suas vidas [Dicionário completo de palavras estrangeiras em uso na língua russa]; narrativa simbólica, em regra, desconhecida.
associado ao folclore tradicional e à tradição religiosa [Encyclopaedia Britannica].

Mitologema (do grego "fonte/razão da lenda/conto/história") - tema principal ou recorrente de um mito, exposição linear dos factos e acontecimentos de um mito, narrativa mitológica [Merriam-Webster/Britannica Thesaurus]; elemento constituinte de um enredo mitológico [Dicionário Explicativo de Ushakov]; tema semelhante e recorrente nos mitos de diferentes povos [Dicionário Enciclopédico].

Enquadramento - o período (lugar no tempo), a duração (duração no tempo), a localização (lugar no espaço) e o nível de conflito (posição na hierarquia das contradições sociais) **de** uma história [R.McKee].

Ideia principal - a ordem e as razões das mudanças nas situações que ocorrem no enredo de um argumento; o valor e a razão de um acontecimento [R.McKee].

APÊNDICE B

Filmografia

Fitas para crianças e jovens :

título	ano	cronómetro filmagem	diretor	cenário
Um conto de fadas primaveril	1971	93 min	Yuri Tsvetkov	Yuri Tsvetkov
Martim-pescador	1972	75 min	Vyacheslav Nikiforov	Yuri Yakovlev
Dirk	1973	210 min.	Nikolay Kalinin	Anatoly Rybakov
Ave de bronze	1974	201 min.	Nikolay Kalinin	Anatoly Rybakov
O último verão da minha infância	1974	193 min	Valery Rubinchik	Anatoly Rybakov
As aventuras de Pinóquio	1975	130 min	Leonid Nechayev	Inna Vetkina
Sobre o Capuchinho Vermelho	1977	135 min.	Leonid Nechayev	Inna Vetkina
Risos vendidos	1981	140 min.	Leonid Nechayev	Inna Vetkina
Impressões de verão no Planeta Z	1986	120 min.	Eugène Markovsky	Yuri Tomin
Voar para o país monstros	1986	73 min	Vladimir Bychkov	Vladimir Golovanov, Vladimir Golovanov
Peter Pan	1987	135 min.	Leonid Nechayev	Elena Barinova
Aventuras de Ano Novo em julho	2008	72 min	Ivan Pavlov, Elena Turova	Elena Turova
Carrot Top no espelho	2010	120 min.	Elena Turova	Elena Turova
Deslocação incrível	2014	90 minutos	Alexander Anisimov	Margarita Shagrai

Fitas heróicas e patrióticas :

título	ano	calendarização	diretor	cenário
Ruínas a disparar à queima-roupa	1970	390 min.	Vitaly Chetverikov	Ivan Novikov, Ivan Chigrinov
Fronteira do Estado. Nós somos nossos, nós somos novos...	1980	133 min.	Boris Stepanov	Alexei Nagorny, Heli Ryabov
Fronteira do Estado. Um verão tranquilo 21	1980	133 min.	Boris Stepanov	Alexei Nagorny, Heli Ryabov
Fronteira do Estado. Fronteira oriental	1982	145 min.	Boris Stepanov	Alexei Nagorny, Heli Ryabov
Fronteira do Estado. Areia vermelha	1984	140 min.	Boris Stepanov	Alexei Nagorny, Heli Ryabov
Fronteira do Estado. Ano 41	1986	134 min.	Vyacheslav Nikiforov	Oleg Smirnov
Fronteira do Estado. Para além do limiar da vitória	1987	136 min.	Boris Stepanov	Oleg Smirnov
Fronteira do Estado. Vento salgado	1988	128 min	Gennady Ivanov	Oleg Smirnov
Fronteira do Estado. Na fronteira remota	1988	128 min	Gennady Ivanov	Piotr Lucik, Alexei Samoryadov, Oleg Smirnov
título	**ano**	**tempo**	**diretor**	**cenário**
Tem uma missão	2004	78 min	Yuri Berzhitsky	Alena Kalyunova, Mykola Cherginets
Escudo da pátria	2007	80 min	Denis Skvortsov	Alexander Myshalov
junho de 1941.	2008	200 min	Alexandre Franskiewicz-Laye	Sergei Ashkenazi, Stanislav Govorukhin,

Fitas aventureiras :

título	ano	calendarização	diretor	cenário
O tempo não espera por ninguém	1975	152 min.	Vitaly Chetverikov	И. Kornev
Half-Life	2011	16 min	Daria Zhuk	Justin Lieberman, Michael Pitch
Confundir a questão	2014	110 min	Ivan Maslyukov	Ivan Maslyukov

Fitas de detectives :

título	ano	calendarização	diretor	cenário
A caça selvagem do Rei Stach	1979	139 min.	Valery Rubinchik	Vladimir Korotkevich, Valery Rubinchik
Fechadura preta Olshansky	1984	127 min.	Mikhail Ptashuk	Vladimir Korotkevich
Quarenta de agosto. quarto	2001	118 min.	Mikhail Ptashuk	Vladimir Bogomolov
Nas pegadas dos apóstolos	2013	208 min.	Sergey Talybov	Oleg Sukhamera, Viktor Lobkovich

Activistas :

título	ano	tempo	diretor	cenário
O Ranger Nuclear	1999	85 min	Vyacheslav Nikiforov	Valentin Chernykh
Sniper: Armas de fogo represálias	2001	163 minutos.	Alexander Efremov	Gleb Shprygov
Uma batalha mortal	2010	167 min.	Alexandre Franskiewicz-Laye	Andrei Kureychik

Filmes de terror :

título	ano	calendarização	diretor	cenário
Masakra	2010	100 min	Andrei Kudinenko	Alexander Kachan

Printed by Books on Demand GmbH, Norderstedt / Germany